WUYE

WUYEGUANLIZHUANYE

全国高等职业技术院校 **物业管理专业** 教材

许燕丹 主编

物业招投标管理

人力资源和社会保障部教材办公室组织编写

中国劳动社会保障出版社

图书在版编目(CIP)数据

物业招投标管理/许燕丹主编. —北京：中国劳动社会保障出版社，2014
全国高等职业技术院校物业管理专业教材
ISBN 978-7-5167-1367-9

Ⅰ.①物… Ⅱ.①许… Ⅲ.①物业管理-招标-高等职业教育-教材②物业管理-投标-高等职业教育-教材 Ⅳ.①F293.33

中国版本图书馆 CIP 数据核字(2014)第 185583 号

中国劳动社会保障出版社出版发行
（北京市惠新东街 1 号　邮政编码：100029）
*
三河市华骏印务包装有限公司印刷装订　新华书店经销
787 毫米×1092 毫米　16 开本　11 印张　233 千字
2014 年 8 月第 1 版　2014 年 8 月第 1 次印刷
定价：21.00 元

读者服务部电话：（010）64929211/64921644/84643933
发行部电话：（010）64961894
出版社网址：http://www.class.com.cn

前　言

近年来，随着国民经济的发展和城市建设的加快，我国物业管理行业进入了一个新的发展阶段，物业企业的运营模式、服务流程、管理质量等不断向标准化、专业化、信息化的方向发展。为了适应物业管理行业的发展，满足学校培养企业所需技能型人才的需要，我们组织一批教学经验丰富、实践能力强的教师与行业、企业专家，在认真分析物业企业岗位需求和完善课程教学方案的基础上，开发了全国高等职业技术院校物业管理专业教材。

本次开发的教材包括《物业管理基础》《物业公共关系与礼仪》《物业管理法规应用》《物业管理实务》《物业环境管理》《房屋维修与管理》《楼宇智能化系统使用与维护》《物业信息系统操作技术》《物业设施设备维护与管理》《物业招投标管理》《物业经营》和《物业服务方案设计与制作》。

在教材开发工作中，我们坚持了以下原则：

第一，从职业岗位分析入手，合理构建教材的知识和技能结构，注重对学生实践能力和工作能力的培养，突出教材的职业特色。

第二，根据物业管理行业的发展现状，尽可能多地在教材中体现新的管理理念、服务模式和技术设备，充分体现教材的先进性，突出教材的时代特色。

第三，教材内容力求涵盖助理物业管理师国家职业标准的相关要求，突出职业资格证书与学历证书并重的精神。

第四，在教材编写方面，力求文字表达通俗易懂，并尽量采用以图代文、以表代文的表现形式，激发学生的学习兴趣，突出教材的易读性。

本套教材的编写得到了有关省市人力资源和社会保障部门、教育部门以及一批高等职业技术院校的大力支持，教材的编审人员做了大量的工作，在此表示衷心的感谢！同时，恳切希望广大读者对教材提出宝贵的意见和建议，以便修订时加以完善。

人力资源和社会保障部教材办公室

简　介

本教材为国家级职业教育规划教材，由人力资源和社会保障部教材办公室组织编写。

本教材根据高等职业教育人才培养的目标和要求，对物业招投标管理的理论和实践进行了全面介绍。全书按照物业招投标管理的项目体系分为三个模块：物业管理招标、物业管理投标和物业管理定标与合同签订，主要包括物业管理招标形式的确定，物业管理招标文件和标底的编制与发布，物业管理投标资格预审与标书收存，物业管理投标前期工作，物业管理投标书编制，物业管理投标现场答辩，物业管理开标、评标与定标，物业服务合同签订与管理，物业管理招投标争议解决等内容。

本教材由许燕丹任主编，张君参加编写，周建华审稿。

目　录

目 录

第一章　物业管理招标

良好的物业管理能保障物业的安全使用和业主的利益，因此，选择好物业服务企业至关重要。物业管理招标是物业管理社会化、专业化、市场化特征的体现，是物业管理规范化运作的必然要求。实行物业管理招标，对规范物业管理市场竞争行为，推进物业管理行业的市场化程度和提高物业管理服务水平，都具有很强的现实意义。物业管理招标作为物业管理权的一种交易形式，与其他类型的招标活动相比，有它独特的一面。

第1节　物业管理招标形式的确定

学习目标

熟悉物业管理招标，会叙述物业管理招标的基本内容与方式，能根据物业管理招标项目的形式确定物业管理招标组织。

一、物业管理招标概述

1. 物业管理招标的含义

物业管理招标是指物业所有权人或其法定代表人（房地产项目开发商或项目业主委员会），在为其物业选择管理者时，通过制定符合其管理服务要求和标准的招标文件向社会公开，从多家竞投的物业服务企业中选择最佳对象，并与之订立物业管理服务合同的过程。

2. 物业管理招标人

物业管理招标人是依法提出招标项目进行招标的开发建设单位、业主大会或产权人。

在业主大会选聘物业服务企业之前的前期物业管理活动中，由物业开发建设单位负责物业管理服务的招标组织工作；业主大会已经成立的，由业主大会负责实施物业管理权的招标组织工作。

一些重点基础设施或大型公用设施的物业（如机场、码头、医院、学校、政府办公楼），其产权人多为政府的国有资产管理部门，此类物业招标必须经国有资产管理部门或相关产权部门批准，一般由物业产权人或管理使用单位作为委托方开展物业管理招标。其中，政府采购中心作为物业管理招标人所组织的招标也称为政府采购。

《中华人民共和国招标投标法》（以下简称《招标投标法》）规定：招标人有权自行选择招标代理机构，委托其办理招标事宜；招标人具有编制招标文件和组织评标能力的，可以自行办理招标事宜。

（1）物业管理招标人自行招标应具备的条件

1）招标人必须是物业建设单位或相关物业产权人的法人代表（负责人），或其委托的代理人。

2）与招标物业相适应的经济、技术或管理类专业人员。

3）具备自行编制招标文件、对投标人进行资格评审和组织评标的能力。

其中，业主委员会可以自行招标，但是必须符合相应的条件：程序上要召开业主大会，同意授权业主委员会自行招标；技术上要具备自行招标的能力，符合自行招标应具备的条件规定。

（2）物业管理招标人的权利

1）自行组织招标或者委托招标代理机构进行招标。

2）自主选定招标代理机构并核验其资质证明。

3）委托招标代理机构招标时，可以参与整个招标过程，其代表可以进入评标委员会。

4）要求投标人提供有关资质情况的资料。

5）根据评标委员会推荐的候选人确定中标人。

（3）物业管理招标人应履行的义务

1）不得侵犯投标人的合法权益。

2）委托招标代理机构进行招标时，应当向其提供招标所需的有关资料并支付委托费。

3）接受招投标管理机构的监督管理。

4）与中标人签订并履行合同。

3. 物业管理招标代理机构

《招标投标法》规定：招标代理机构是依法设立、从事招标代理业务并提供相关服务的社会中介组织。物业管理招标代理机构必须依法取得法定的招标代理资质等级证书，并依据其招标代理资质等级从事相应的招投标代理业务，招标代理机构应当在招标人委托的范围内办理招标事宜。

（1）物业管理招标代理机构应具备的条件

1）有从事招标代理业务的营业场所和相应资金。

2）拥有一定数量的取得招标职业资格的专业人员。

3）有能够编制招标文件和组织评标的相应专业力量。

4）有符合招标投标法规定的可以作为评标委员会成员人选的技术、经济等方面的专家库。

招标代理机构的组织机构与其他经营性法人组织一样，通常采用经理制，设总经理、副总经理，经理层下设市场部、技术部、财务部、行政管理部等常见的职能部门，分设部门经理等。招标代理机构的组织机构图如图 1—1 所示。

《中华人民共和国招标投标法实施条例》（以下简称《招标投标法实施条例》）第十三条规定，招标代理机构不得在所代理的招标项目中投标或者代理投标，也不得为所代理的招标项目的投标人提供咨询。《北京市物业管理招标投标办法》规定，未经招标人同意，招标代理机构不得转让代理业务；招标代理机构不得为投标人提供其所代理的招标项目的咨询服务。天津市规定，在物业管理的招投标活动中，中介机构承接招标代理业务时，不得派人担任招标人评委参与评标。

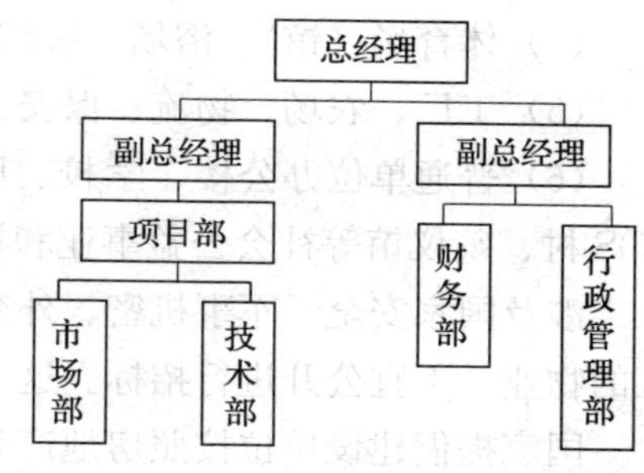

图 1—1　招标代理机构的组织机构

（2）物业管理招标代理机构的权利

1）组织和参与招标（或投标）活动。

2）依据招标文件规定，审查投标人的资质。

3）按照规定标准收取招标代理费（或投标代理费）。

4）招标人（或投标人）授予的其他权利。

（3）物业管理招标代理机构的义务

1）维护招标人（或投标人）的合法权益。

2）组织编制、解释招标文件（或投标文件）。

3）接受招投标管理机构和招标投标协会的指导、监督。

二、物业管理招标的范围、方式与内容

1. 物业管理招标的范围

招标的范围是指哪些项目必须进行招标，哪些项目既可以招标也可以通过其他方式指定承包商，哪些项目不适于招标。根据《招标投标法》及《招标投标法实施条例》有关条款的规定，在我国境内进行下列工程建设项目必须进行招标：

（1）大型基础设施、公用事业等关系社会公共利益、公众安全的项目。

（2）全部或者部分使用国有资金投资或者国家融资的项目。

（3）使用国际组织或者外国政府贷款、援助资金的项目。

根据上述三原则和国际招标惯例，对涉及上述建设项目的物业管理也必须实行招标。其目的在于，通过招标方式，以较符合市场规律的合理价格获取高素质、高信誉的物业服务，从而维护业主和公众利益。一般来说，物业管理招标的具体范围有：

（1）民用机场、火车站、地铁、汽车站、航运码头、大型广场、公园、市政街道（公路）、公厕、停车场、公共交通运输工具等公众场所。

（2）居民住宅楼、住宅小区、别墅、宿舍等居住场所。

（3）写字楼、宾馆（旅馆）、饭店、疗养院、商住楼、百货商场（商店）、大型超市、农贸（商贸）市场等商业场所。

（4）体育场（馆）、浴场、影剧院、娱乐中心等公共运动娱乐场所。

（5）工厂、农场、物流、保安、保洁、维修、供热供暖、给水排水等生产服务场所。

（6）普通单位办公楼、学校、医院、图书馆、托儿所、幼儿园、养老院、康复中心、SOS 村、殡仪馆等社会公益事业和社会福利场所。

涉及国家安全、军事机密、外交司法等国家政府机要部门的办公大楼物业、军事管理区的物业，不宜公开进行招标。这一类物业都由国家专门指定的单位对其进行物业管理。

国家提倡建设单位按照房地产开发与物业管理相分离的原则，通过招投标的方式选聘具有相应资质的物业服务企业。住宅物业的建设单位，应当通过招投标的方式选聘具有相应资质的物业服务企业。

2. 物业管理招标的方式

物业管理招标的方式按不同的划分标准有不同的分类。下面介绍常见的 4 种分类：

（1）按照招标内容分类

1）单纯物业管理招标。单纯物业管理招标是对住宅小区或高层楼宇物业管理服务进行招标，只是围绕着物业管理权进行招标，不涉及其他内容。

2）物业管理与经营总招标。物业管理与经营总招标是一些商住楼或一些购物中心（商场）所要进行的物业管理招标，其内容不仅包括对整个物业管理服务进行招标，还包括对这些经营场所经营状况进行招标。也就是说两者兼有，它们之间是相辅相成的，这种招标比第一种更复杂。

3）专项工作招标。专项工作招标是业主委员会或物业服务企业，鉴于自身的能力有限，或者为节约成本开支，把物业管理服务中的某一项目，如电梯和水泵的保养、安保、楼宇保洁、绿化等，向社会进行招标，由专业服务公司来完成此类工作的服务和管理。

（2）按照招标对象的广度分类

1）公开招标。公开招标就是指由招标单位通过媒体，如报刊、广播、电视、新闻发布会、网络等，发布招标广告，公告其项目的内容、管理水平、质量要求、招标条件及开标日期等有关内容，由物业服务企业购买招标资料进行投标竞争的招标方式，国外称为无限竞争性公开招标。

公开招标可以为一切有能力的物业服务企业提供公平竞争的机会，业主（开发商）也有较大的选择余地，有利于降低成本，提高物业管理水平。但是，招标单位审查投标者资格及其标书的工作量比较大，招标费用支出较大，招标过程耗时较长。

2）邀请招标。邀请招标就是由招标单位根据自己积累的经验和情报资料，有选择地向具备管理能力的若干（不少于 3 家）物业服务企业发出招标邀请书，说明招标项目的情况和要求，并邀请其参加投标的招标方式。邀请招标又称为有限竞争性选择招标，其特点是业主选择的范围较小，资格预审和评标的工作量相应减少。若对物业服务企业选择得当，则起到花较少的钱、办更好的事的作用。

邀请招标提高了投标单位的中标率，对招标投标双方都十分有利。但这种招标方式限制了竞争范围，把许多可能的竞争者排除在外，不符合自由竞争、机会均等的原则。它主要适用于规模较小的物业服务项目。因其具有节省招标时间和成本的优点，深受私营业主和开发商的欢迎。

3）议标。议标是指由招标单位邀请一家或几家物业服务企业，就物业管理工作分别进行协商谈判，确定物业管理有关事项的一种特殊的招标方式。这种方式属于谈判招标，也称为协商招标，其特点是不公开发布招标公告，没有资格预审和开标等阶段，比较容易达成协议，可以节约时间和成本。

议标方式对招标人的要求很高，其成败取决于招标人对于物业管理行业和物业服务企业的充分了解，因此常被经验丰富的开发商所采用。业主委员会也可以通过委托招标机构采用议标方式进行招标。它适合较小型的或有特殊管理要求的物业项目，单项管理任务的转包，物业服务企业管理住宅小区（高层楼宇）期限已满需要续聘等情况。

（3）按照招标主体分类

1）开发商自行招标。开发商自行招标是指自物业竣工交付使用起至业主委员会成立前，由房地产开发商主持的物业管理招标方式，也称为前期物业管理招标。一般通过开发商董事会下设的专门招标委员会或小组进行招标。我国《前期物业管理招标投标管理暂行办法》中做了详细的规定。

2）业主大会招标。开发商自行招标是指前期物业管理阶段结束后，由业主大会表决并通过业主委员会主持的物业管理招标方式。此时，物业管理进入了业主自治管理和相对稳定状态。若物业为单一业主，或业主人数较少且经全体业主一致同意，决定不成立业主大会的，则由业主委员会来筹备招标工作。

3）委托招标代理机构招标。委托招标代理机构招标是指开发商或者业主大会（业委会）通过委托专业的招标代理机构进行物业管理招标的招标方式。这种方式虽然增加了物业管理招标的中介服务费，却能提高物业管理招标的质量。尤其对于业委会而言，能提高招标工作的质量，选择到管理服务优秀的物业服务企业及专业公司。

（4）按照招标标底分类

1）有标底招标。标底是招标人对招标项目的一种预期价格或预算价格。按照国际惯例，对招标项目，招标人应在正式招标前先制定出标底。标底是在开标前需招标人及相关人员严格保密的文件，不得泄露。物业管理招标标底是业主所期望的管理服务水准和所能承受的物业管理费最高限额的统一。有标底招标评标原则一般是：投标提供的产品、工程或服务符合招标要求，经评审后报价在标底某一偏差范围内的所有投标中，性价比最优者中标。因此，在有标底招标中，招标人编制的标底是衡量投标单位报价的准绳，也是评标和确定中标人的重要依据。

2）无标底招标。无标底招标是指招标人在招标过程中不设标底或者虽设标底但不作为评标标准，招标人只提出一个评标的标准和方法的一种招标方式。有标底招标和无标底招标的差别在于：一是招标单位在物业管理招标中是否编制标底；二是评标时是否以标底为基准对投标单位的报价进行考核评分。

不设标底招标，其优点在于可消除标底编制不够正确对招标投标过程所产生的负面影响，有利于降低物业管理价格，保证公平、公正、公开。设定标底并且公开标底招标，可较好解决无标底招标情况下产生的问题，投标人通常会根据标底价格推出接近标底价格的在技术性能或服务上有竞争力的产品，以增加中标机会。由于无标底招标一般是以低价中标为原则，投标企业在报价时及合同执行过程中通常会利用企业自身的先进管理方法和技术降低成本、节约支出，因此其管理费用和成本相对是最低的，从而最大限度地节约了社会资源。

三、物业管理招标程序

物业管理招标工作程序可以分为 4 个阶段，如图 1—2 所示。

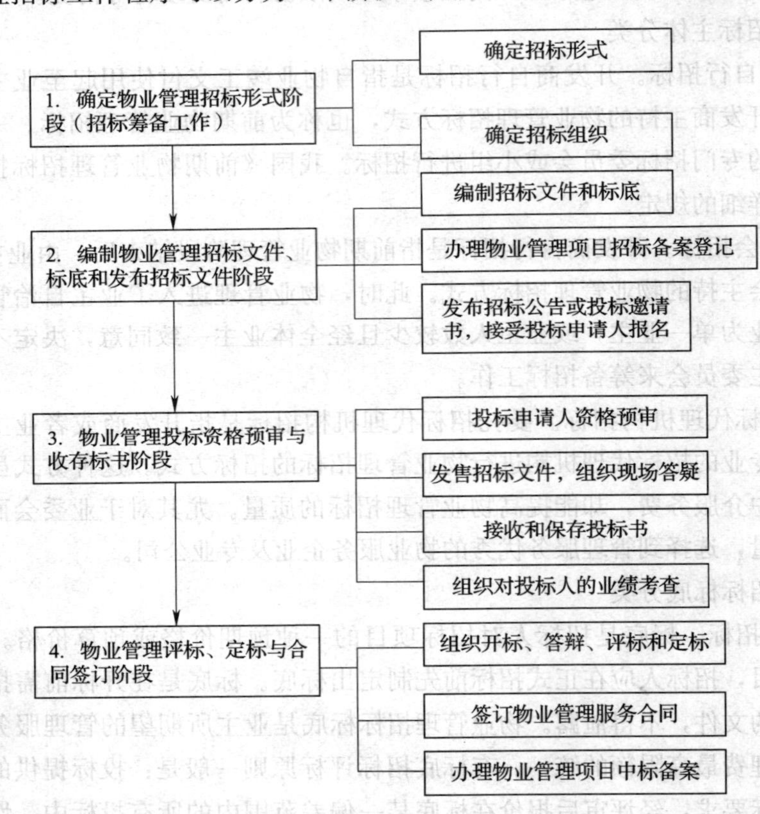

图 1—2 物业管理招标工作流程

四、物业管理招标形式工作实施细则

1. 对拟招标项目进行审查，确定物业管理招标的方式

为确保物业管理招标工作有序开展，必须对拟招标项目进行必要的审查，符合一定条件才可以参加招标。物业管理招标项目应具备以下条件：

第一章

（1）所招标的项目符合城市规划要求，具备与物业管理有关的物业项目开发建设的政府批件。包括房地产权证或土地使用合同、用地规划许可证、建设工程规划许可证、建设工程施工许可证等。例如，《广州市物业管理招标投标程序》中规定，招标人为开发建设单位的，应取得《项目修建性详细规划的批复》，方可进行招标。

（2）所招标的项目符合政府颁布的规模要求。例如，有的省规定 10 万米^2 以上的小区、2 万米^2 以上的非住宅大厦及具有一定规模的别墅、高档公寓，须面向社会进行招标。

（3）所招标的项目能够为物业服务企业开展工作提供一定数量的办公用房。

（4）所招标的项目，按照政府规定的各类维修基金已经落实。

（5）招标所需的其他条件已经具备。

根据物业管理招标项目的需要，招标人首先应该确定实行项目招标的范围和招标的方式。根据《招标投标法》规定，有关物业项目必须实行公开招标或邀请招标的，应该通过招标方式，以较符合市场规律的合理价格获取高素质、高信誉的物业服务，从而维护业主和公众利益。而涉及国家安全、军事机密、外交司法等国家政府机要部门的办公大楼物业以及军事管理区的物业，不宜公开进行招标，可以采用议标方式或由国家专门指定的单位对其进行物业管理。

2. 针对物业管理项目，确定物业管理招标的内容

物业管理招标的内容主要包括两部分，即前期顾问服务和实质管理服务。根据物业性质的不同，这两部分内容也不同，具体可分为非经营性物业管理招标内容和经营性物业管理招标内容。

（1）非经营性物业管理招标的内容

非经营性物业是指住宅小区等主要以居住为目的的物业。非经营性物业管理的目标在于为居民创造一个安全、舒适、优美的居住环境，因此，非经营性物业管理招标的目的是以经济合理的价格为住户提供良好的居住环境。

非经营性物业管理招标的内容如前所述分为前期顾问服务和实质管理服务两部分，各部分的具体服务内容如下：

1）前期顾问服务。由于物业具有不可移动性，一旦建成则很难改变，因此物业的开发设计和施工是至关重要的。如果在开发设计阶段没有考虑到以后物业管理和使用的问题，那么这些疏忽日后往往会成为物业管理的难题，如某些物业没有安排必要的管理用房、园林绿地、交通空间等。因此，引入物业服务企业的管理顾问服务是十分必要的。前期顾问服务内容见表 1—1。

表 1—1　　前期顾问服务内容

阶段	顾问服务内容
物业开发设计建设期间	1. 对投标物业的设计图提供专业意见 2. 对投标物业的设施配备及建筑材料选用提供专业意见 3. 对投标物业的建筑施工提供专业意见并监督 4. 提出本投标物业的特别管理建议

续表

阶段	顾问服务内容
物业竣工验收前	1. 制订员工培训计划并开展培训 2. 编制财务预算方案
住户入住及装修期间	1. 住户入住办理移交手续的管理服务 2. 住户装修及材料运送的管理服务 3. 迁入与安全管理服务

前期顾问服务主要是应开发商的要求为其提供，所需费用也通常向开发商（大业主）而非小区居民（小业主）收取。

2）实质管理服务。住户入住后的实质管理服务是直接与住户日常生活密切相关的，具体内容包括：

①物业管理的人员安排。即根据物业管理的工作量安排物业管理人员，确保物业管理服务工作经济、高效。

②保安服务。

③清洁服务。

④房屋及设施的维修保养服务。

⑤财务管理服务。

⑥绿化园艺管理服务。

⑦其他管理服务。如车辆管理、特约服务及多种经营服务等。

由于实质管理服务与业主的利益密切相关，其物业管理费也主要向业主（住户）收取，因此这部分服务内容在招标时，应选择服务周到、服务质量高且价格合理的物业服务企业。

（2）经营性物业管理招标的内容

经营性物业是指以经营性房屋为主体的物业，如酒店、写字楼、零售商业中心、工业厂房、货仓等。经营性物业最重要的特点就是具有商业特性，开发商的目的主要在于从经营性物业中所获得利润的最大化。因此，这类物业管理的一个主要目标便是利润目标，即物业服务企业通过有效的经营管理服务，充分合理、最大限度地发挥物业功能，提高物业出租率、出售率及营业收入，促使物业保值增值，提高租金收入，从而满足委托方（业主）的盈利目标要求。

在经营性物业出租后，由于物业管理的追加而使物业的使用期限和使用功能大大提高，也会吸引更多的租户和顾客，从而提高物业的营业收入，创造更多的价值。经营性物业管理招标的内容也可分为前期顾问服务和实质管理服务。

1）前期顾问服务。经营性物业管理的前期顾问服务内容与之前介绍的非经营性物业管理的前期顾问服务大致相同。不过，物业服务企业在经营性物业竣工验收前新增的一项重要服务内容是代开发商制定物业的租金方案和租赁策略，以及进行广告招租宣传，以最大限度地提高物业出租率，增加租金收入。这也正是经营性物业商业性的体现。

2）实质管理服务。在实质管理服务中，经营性和非经营性物业服务的内容也大致相同，如同样有保安、清洁、绿化和房屋设备维护等基本项目。不同之处在于，经营性物业管理的服务是一种创造性的附加劳动，其管理目的不是维持物业的基本使用功能，而是不断保持物业使用功能上的先进性。因此，经营性物业服务企业除了要经常对物业进行高标准的维护之外，还要经常更新物业的设施和使用功能，以保持物业设施的先进性。另外，经营性物业的实质管理服务还应增加租赁管理服务的内容。

前期顾问服务和实质管理服务的性质不同，在招标中的规定也不同。前期顾问服务方案的好坏对整个物业的价值至关重要，而顾问服务的工作量难以定量计算，因此评标时应侧重对顾问服务方案的评价。实质管理服务由于服务内容已逐渐标准化，易于定量计算工作量，在评标时对这部分内容应考虑报价因素。

五、物业管理招标组织工作实施细则

1. 成立招标领导小组

招标领导小组一般是在政府物业管理行政主管部门的指导下，由招标人（房地产开发商或业主委员会）组织成立，小组成员可以聘请有关部门人员和物业管理专家。成立招标领导小组后，要报物业项目所在地区房地产行政主管部门备案。

2. 成立物业管理招标的组织机构

根据招标投标国际惯例，任何一项招标都要有一个专门的招标机构，并由该机构全权负责整个招标活动，物业管理招标也不例外。具体来说，招标组织应做好以下工作：核实各项招标条件，完成招标前的各项准备工作；编制招标文件，并向招投标办事机构办理招标文件的审批手续；组织或委托标底的编制，按规定报招投标办事机构审查批准；发布招标公告或投标邀请书，对投标企业进行资格审查；向投标企业发放招标文件、设计图纸和有关技术资料；组织投标企业勘查现场，并对有关问题负责解释和答疑；制定评标办法；发布中标或未中标通知书；组织与中标者签订合同。

招标机构的设立有两种途径：一是招标人自行组织成立招标机构，二是招标人委托招标代理机构招标。《招标投标法》第十二条规定：招标人有权自行选择招标代理机构，委托其办理招标事宜。任何单位和个人不得以任何方式为招标人指定招标代理机构。招标人具有编制招标文件和组织评标能力的，可以自行办理招标事宜。任何单位和个人不得强制其委托招标代理机构办理招标事宜。对于自行设立招标机构的，通常是在招标人所在单位下属设立一个招标委员会或招标工作组，全权负责招标事宜，属于非常设性机构。

而招标代理机构，是依法设立，从事招标代理业务并提供相关服务的社会中介组织，属常设性的经营实体。在政府物业管理行政部门指导下，由委托方（开发商或业主委员会）向有关部门提交招标申请，经批准后成立招标机构和招标小组，招标小组可聘请有关部门人员和物业管理专家组成。

自行组织招标，根据物业管理项目招标主体的不同，分为开发商自行招标和业主自行招标两种情况。

(1) 开发商自行招标

开发商自行招标是指开发商通过在其所在单位的董事会下设专门招标委员会或小组进行招标。具体做法是：开发商董事会挑选代表组成招标领导小组，这些代表通常包括分管项目工程建设部门的董事、政府主管部门的代表、聘请的物业管理专家以及业主的代表等。招标领导小组是招标工作的最高权力机构，下设招标委员会组织开展具体的工作。招标委员会下设秘书处和专业技术部。其中专业技术部的职能是聘请有关专家和本单位的技术人员参与招标文件的编制工作，并组织评标委员会或小组进行标书的评审，最后向招标领导小组提交评价报告和中标推荐人名单（仅供参考）。招标领导小组可以采纳专业技术部所提供的方案，也可完全拒绝而自行做出裁标决定。招标领导小组在裁标时通常采用投票的方式，一般 2/3 的赞成票即可授标，并派代表与中标人签订合同。一般开发商自行招标的机构设置如图 1—3 所示。

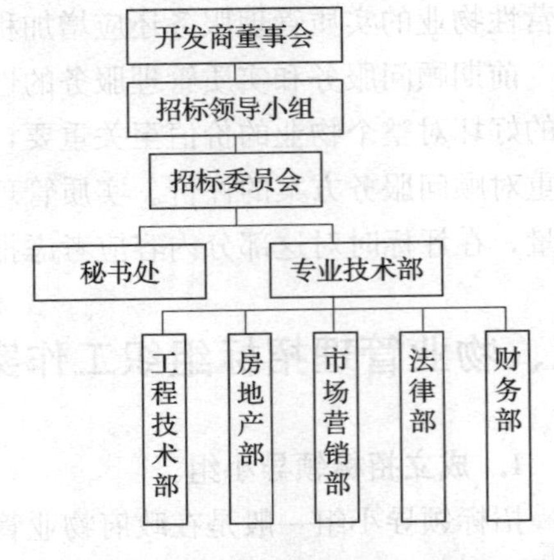

图 1—3 开发商自行招标的组织机构设置

非常设性招标委员会的特点之一便是其开放式的组织机构，即招标领导小组和招标委员会的主要工作人员都非正式编制，大多数是外聘或内部调用，具有很强的灵活性和流动性。物业管理招标委员会从外部聘请的专家通常是工程技术、房地产、物业管理、市场营销、法律以及财务等方面的专门人员。

第一章

(2) 业主自行招标

招标人为业主（物业为单一业主，或业主人数较少且经全体业主一致同意决定不成立业主大会的）或业主大会的，由业主委员会来筹备招标工作。《物业管理条例》规定，一个物业管理区域的业主，成立一个业主大会，并选举产生业主委员会。业主委员会是由业主（代表）大会选举产生，代表全体业主行使权力的常设机构，是物业实行自治管理的充分体现。业主大会代表和维护物业管理区域内全体业主在物业管理活动中的合法权益。业主大会的职权之一便是代表全体业主通过公开招标或邀请招标方式聘请物业管理公司。

与开发商自行招标的做法一样，业主大会也是通过其下设的业主委员会，或成立一个招标委员会或招标工作组来全权负责招标工作事宜，其招标委员会的具体组织结构与开发商董事会下属的招标机构设置大致相同。当然，业主大会也可以委托物业管理招标代理机构进行招标工作。

(3) 委托招标代理机构招标

招标代理机构与其他非常设性招标机构的主要区别在于，技术部门的主要工作人员都采用合同制进行定编，而不是像非常设招标机构那样采用临时外聘方式。

招标代理机构只是全权代理委托人的招标工作，并非招标活动的最高权力机构。招标代理机构在评标后，向委托招标人提交评标报告和中标候选人名单，由招标人（开发商董事会或业主委员会）自行进行最终裁决，确定中标人。完成代理招标工作后，向委托招标人收取一定的服务费或佣金。

委托招标时，业主应依据《招标投标法》向认为合适的招标代理机构办理委托招标手续，需提供招标项目的批准文件、委托招标书、资金落实证明和其他相关证明。

3. 办理物业管理项目招标备案登记

开发商（或业主大会）成立招标领导小组和招标组织之后，就需向政府主管部门提出招标申请并办理备案登记手续。各地的政府主管部门有所不同。例如北京市规定，前期物业管理招标的招标人（即开发商）要到北京市居住小区管理办公室备案；业主大会招标的，到项目所在区、县国土资源和房屋管理局备案。因此，办理招投标备案登记时要查阅当地政府主管部门的相关规定。一般来说，办理物业管理项目招标备案需要提交以下材料：

（1）招标人资格证明文件（政府主管部门核发的项目建议书批复文件、产权证明或业主大会决议）。

（2）招标公告或者投标邀请书。

（3）招标文件。

（4）法律、法规规定的其他材料。若招标人委托招标代理机构的，还应提交委托书。

经政府招投标办事机构审查批准后，进行招标备案，领取有关招投标用表。

4. 招标筹备工作流程

（1）开发商招标筹备工作流程

开发商招标筹备工作流程如图1—4所示。

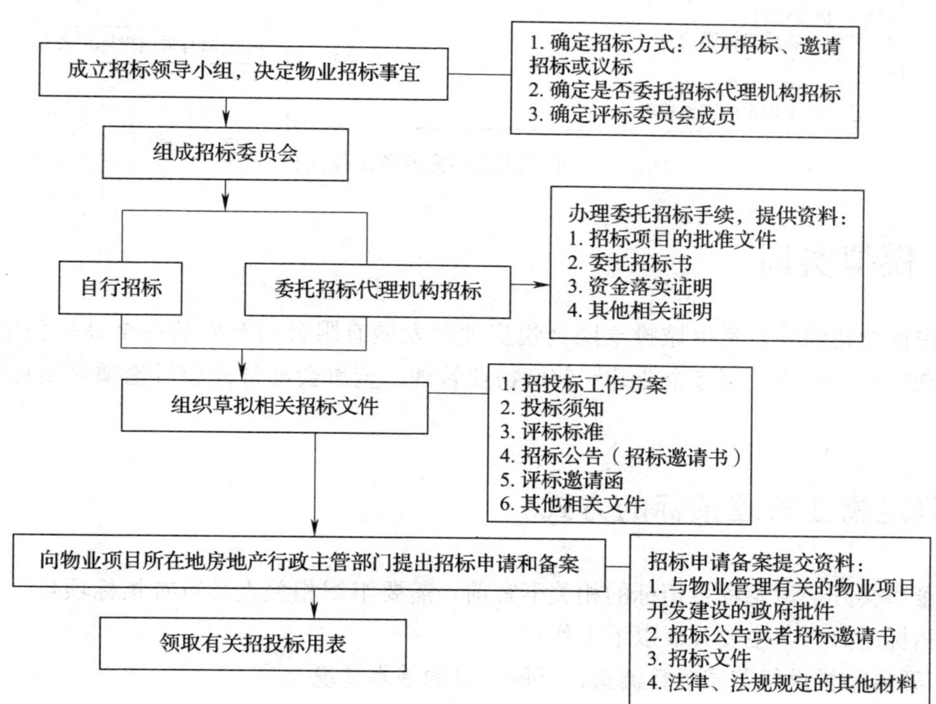

图1—4　开发商招标筹备工作流程

(2) 业主大会招标筹备工作流程

业主大会招标筹备工作流程如图 1—5 所示。

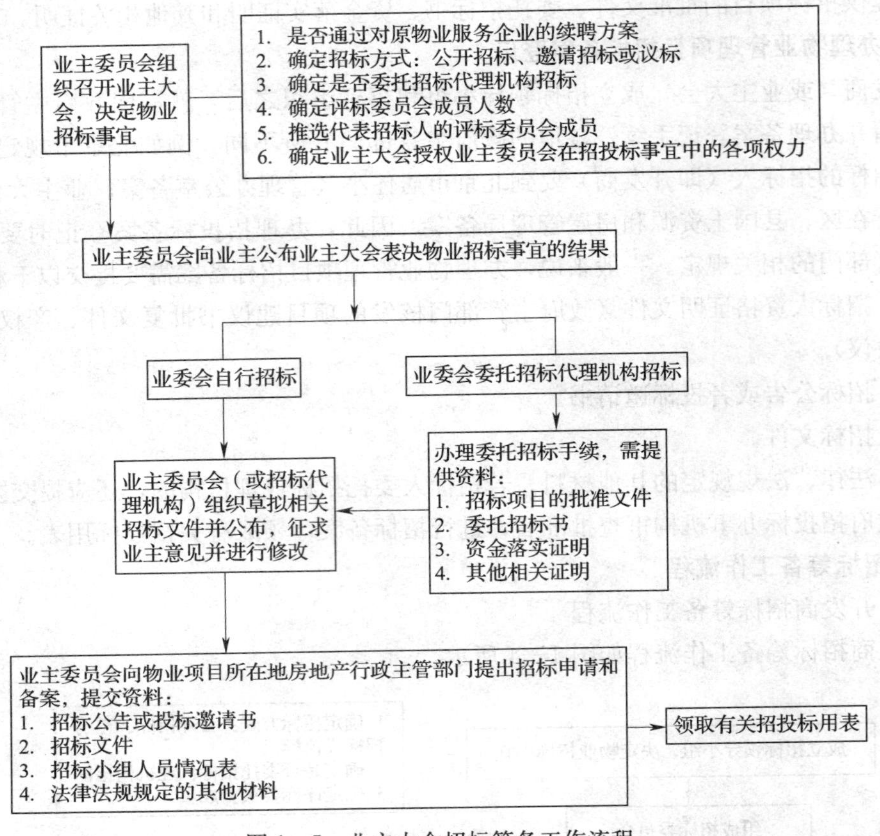

图 1—5 业主大会招标筹备工作流程

模拟实训

金悦世纪花园项目是由城投集团金悦房地产发展有限公司开发的一个高层住宅项目，正准备选聘项目的物业服务企业开展前期物业管理。董事会准备开会讨论项目招标的相关事宜。

一、确定物业管理招标的方式

在董事会开会讨论项目招标的相关事宜前，需要组织相关人员审查招标项目，确定物业管理招标的方式，主要开展以下工作：

1. 开展金悦世纪花园项目调查，了解项目的基本情况

(1) 物业类型：本项目建造的物业类型为高层。

(2) 地址：本项目坐落地址为广州市番禺区迎宾路 111 号。

（3）物业管理区域四至范围：东至兴业路（规划一路），西至兴南路，南至南岸路，北至迎宾路。

（4）建筑用地情况：本项目总用地面积 83 535.00 米²，本项目总建筑面积 247 302.50 米²。建筑面积构成：地下总建筑面积 24 329.00 米²；地上总建筑面积 222 973.50 米²，其中住宅建筑面积 205 933.10 米²，非住宅建筑面积 8 050.71 米²，其他物业建筑面积 8 989.69 米²。

本项目的建筑密度为 18.00，综合容积率 2.60，共计建筑物 25 幢（其中住宅 3 036 套）。

（5）绿化指标：绿化率 35.00%，绿化面积 29 237.25 米²；集中绿化率 15.00%，集中绿化面积 12 530.25 米²。

（6）停车场库：本项目规划建设机动停车位 1 005 个，其中地上停车位 514 个，地下停车位 491 个；按照规划设计建造了非机动车停车库。

（7）开发建设进度：本期工程总建筑面积 247 302.50 米²，开工时间为 2012 年 11 月，（一期）项目计划于 2014 年 7 月 31 日建成并交付使用。

（8）物业服务合同期限：3 年。

2. 制作并填写物业管理招标项目基本信息表

制作物业管理招标项目基本信息表（见表 1—2），填入金悦世纪花园的基本情况。

表 1—2　　物业管理招标项目基本信息

<table>
<tr><td>信息</td><td colspan="4">项 目 情 况</td></tr>
<tr><td>招标单位</td><td colspan="4"></td></tr>
<tr><td>项目名称</td><td colspan="4"></td></tr>
<tr><td>项目负责人</td><td colspan="4"></td></tr>
<tr><td>项目地址及四至</td><td colspan="4"></td></tr>
<tr><td>招标项目类型</td><td colspan="4"></td></tr>
<tr><td rowspan="3">招标项目面积</td><td>项目总用地面积</td><td colspan="3"></td></tr>
<tr><td rowspan="2">项目总建筑面积</td><td rowspan="2"></td><td>地下总建筑面积</td><td></td></tr>
<tr><td>地上总建筑面积</td><td></td></tr>
<tr><td></td><td colspan="4">其中，地上建筑面积：住宅建筑面积______米²，非住宅建筑面积______米²，其他物业建筑面积______米²</td></tr>
<tr><td>绿化面积</td><td></td><td>绿化率</td><td colspan="2"></td></tr>
<tr><td>集中绿化面积</td><td></td><td>集中绿化率</td><td colspan="2"></td></tr>
<tr><td>建筑密度</td><td></td><td>容积率</td><td colspan="2"></td></tr>
<tr><td>建筑栋数</td><td></td><td>住宅套数</td><td colspan="2"></td></tr>
<tr><td rowspan="2">停车位（含 1 个非机动车停车库）</td><td rowspan="2"></td><td>地上停车位</td><td colspan="2"></td></tr>
<tr><td>地下停车位</td><td colspan="2"></td></tr>
<tr><td>项目开工时间</td><td></td><td>项目计划交付时间</td><td colspan="2"></td></tr>
<tr><td>计划招标的时间</td><td>2013 年 7—9 月</td><td>物业服务合同年限</td><td colspan="2"></td></tr>
</table>

3. 结合招标项目的情况确定物业管理招标的方式

（1）查询招标具体要求

金悦世纪花园项目位于广州市，首先应查找广州市物业管理行政主管部门的网站，了解物业管理招标的相关规定。例如，登录广州市国土资源与房屋管理网站或者广州市物业管理行业协会网站，了解《广州市物业管理办法》《广州市物业管理招标投标程序》和《广州市物业管理招投标指引（试行）》等相关法律法规和指导文件。

下面以登录广州市国土资源和房屋管理局网站为例：输入网址“http://www.laho.gov.cn”，如图1—6所示。

图1—6 广州市国土资源和房屋管理局网站信息

在网站内搜索“广州市物业管理办法”，如图1—7所示。

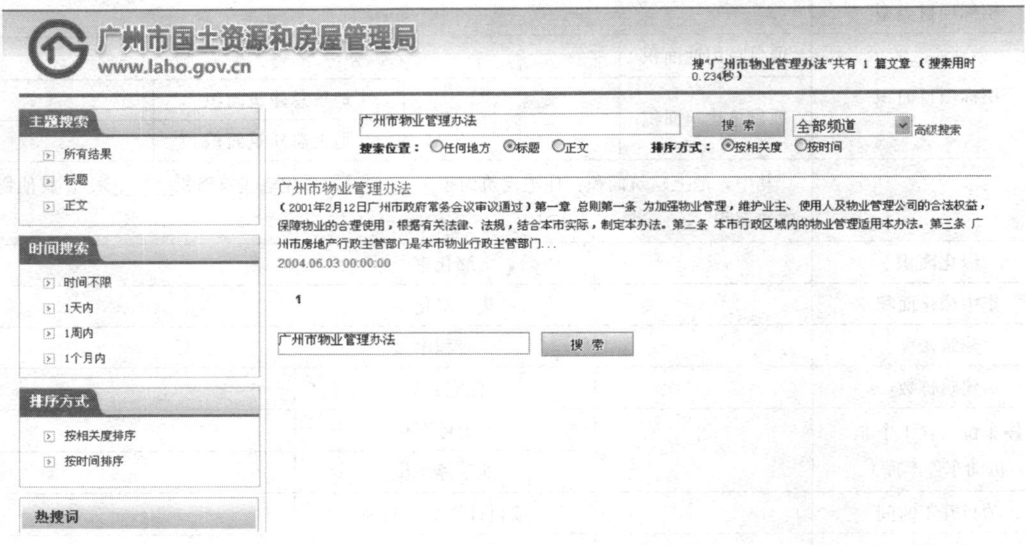

图1—7 搜索“广州市物业管理办法”

点击搜索到的内容，进行详细了解，如图 1—8 所示。

图 1—8　《广州市物业管理办法》相关内容

其中，《广州市物业管理办法》第二十三条规定：建设单位、业主委员会应当采取招标方式选聘物业管理公司。但符合下列条件之一的除外：物业由开发建设单位自用的；在一个物业管理区域内，多层物业总建筑面积低于 3 万米^2 的，或高层物业总建筑面积低于 1 万米^2，或多层、高层混合物业总建筑面积低于 1 万米^2 的。因此，金悦世纪花园应当采取招标方式选聘物业服务企业。

另外，《广州市物业管理办法》第二十四条还规定：物业未交付使用的，或物业已交付使用，但业主委员会尚未成立的，由开发建设单位负责物业管理服务的招投标组织工作；业主委员会已经成立的，由业主委员会负责物业管理服务的招投标组织工作。业主委员会组织招标活动的，应经业主大会或业主代表大会讨论决定。由于金悦世纪花园还处在建设阶段，故按规定应当由开发商，即城投集团金悦房地产发展有限公司来组织招标工作。

金悦世纪花园规模中等，占地 8 万多米^2，建筑面积约 25 万米^2（其中还包含住宅和商业等物业类型），对物业服务企业也提出了一定的要求，因此，开发商的董事会应当讨论决定采用何种招标方式。

（2）对比分析，确定招标方式

金悦世纪花园是以高层住宅（住宅建筑面积 205 933.10 米^2）为主，有小部分商业物业（建筑面积 8 050.71 米^2），故招标要兼顾不同类型的物业管理需要，可以考虑物业管理与经营总招标方式，不仅对整个物业管理服务进行招标，而且要对商业物业的经营进行招标。该项目对物业服务企业的要求较高。由于金悦世纪花园还处于开发阶段，离交付使用的时间还很长，故开发商若考虑选择最优秀的物业服务企业，可以选择公开招标的方式。由于城投集团金悦房地产发展有限公司开发了多个项目，实力雄厚，人才储备丰富，具备自行招标条件，故决定采取自行招标方式。

二、针对物业管理项目确定物业管理招标的内容

物业管理招标的内容主要包括两部分，即前期顾问服务和实质管理服务。金悦世纪花园项目开工时间为2012年11月，交付使用时间为2014年7月31日，故正处于建设施工阶段，计划招标的时间为2013年7—9月，且前期物业管理服务合同的期限为3年。若投标人中标，则服务时间到2016年7月。因此，该项目的前期物业管理服务的招标内容包括前期顾问服务和实质管理服务两个阶段，这对物业服务企业提出了较高的要求。经过董事会讨论决定，列出“前期物业管理招标内容”，针对金悦世纪花园项目，具体招标的内容见表1—3。

表1—3　金悦世纪花园前期物业管理招标内容

阶段		顾问服务内容
前期顾问服务	物业建设期间	1. 对物业项目的设施配备及建筑材料选用提供专业意见 2. 对物业项目的建筑施工提供专业意见并监督 3. 针对物业项目提出特别管理建议
	物业竣工验收前	1. 制订员工培训计划并开展培训 2. 编制财务预算方案
	住户入住及装修期间	1. 住户入住办理移交手续的管理服务 2. 住户装修及材料运送的管理服务 3. 迁入与安全管理服务
实质管理服务	入住后 （区分住宅和商业两部分内容）	1. 物业管理的人员安排 2. 房屋及设施的维修保养服务 3. 保安服务 4. 清洁服务 5. 绿化园艺管理服务 6. 财务管理服务 7. 其他管理服务（如车辆管理、特约服务及多种经营服务等）

同时，在董事会讨论时还应该注意，前期顾问服务和实质管理服务的性质不同，在编制金悦世纪花园招标文件时也应区别处理：由于前期顾问服务方案对整个物业的价值至关重要，而顾问服务的工作量难以定量计算，因此该部分的评标标准应侧重于对顾问服务方案的评价。实质管理服务阶段，由于服务内容已逐渐标准化，易于定量计算工作量，因此评标时对这部分内容应考虑报价因素，测算清楚标底价格。

三、成立招标领导小组

金悦世纪花园项目的招标领导小组，应在广州市国土资源和房屋管理局番禺区分局房

地产市场和物业管理科的指导下，由城投集团金悦房地产发展有限公司组织成立，小组成员中必须留一个席位给区房管局的代表。其余成员则通过召开董事会来决定，可聘请物业管理行业专家和调配公司相关部门人员共同组成。一般领导小组的成员数量为5人以上的单数。董事会决定由经理担任领导小组组长，确定人员后，在招标备案时向区房管局提交招标领导小组人员情况表。

四、成立物业管理招标的组织机构

在董事会确定招标领导小组成员后，由经理召集金悦世纪花园相关职能部门经理开会，决定内部调用和向外聘请相关工作人员，组织成立金悦世纪花园前期物业管理招标委员会。其中，专业技术部门的专家，例如工程技术部、房地产部、法律部以及财务部等方面的专门人员，主要向外聘请，他们主要负责编制物业管理招标文件、招标办法和评标标准，以及测算标底等技术性要求很强的工作内容。

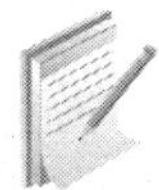

思考与练习

1. 物业管理招标有哪些方式？试分析它们适用于哪些情况。
2. 在物业管理招标前需要做哪些准备工作？
3. 试分析开发商招标筹备工作与业主大会招标筹备工作有哪些不同？
4. 简述物业管理招标的基本操作程序。
5. 物业管理招标机构有哪几种形式？各有什么特点？

第2节　物业管理招标文件和标底的编制与发布

学习目标

熟悉物业招标文件的一般格式，能根据招标项目情况编制物业管理招标文件，发布物业管理招标消息，知晓物业管理项目招标备案登记工作流程，能准备相关资料完成招标申报工作。

一、物业管理招标文件和标底

1. 物业管理招标文件

物业管理招标文件是物业管理招标人向投标人提供的指导投标工作的规范文件。招标文件编制的好坏，直接关系到招标人和投标人双方的利益，因此，招标文件的内容既要详尽周到，以维护招标人的利益，又要合理合法，以体现招标公平、公正的原则。

物业管理招标文件是投标单位编制标书的主要依据，也决定了物业管理项目经营、管理水平和品位的高低。编制物业管理招标文件是物业管理招标活动的关键，应力求做到系统、完整、准确、明了，即提出要求的目标明确，使投标者一目了然。

（1）物业管理招标文件的主要内容

1）招标公告或邀标书。

2）投标企业资质审查表。

3）投标须知。

4）招标章程。

5）招标项目说明书。

6）合同主要条款。

7）技术规范。

8）其他有关内容。

（2）物业管理招标文件的格式

1）封面。

2）目录。

3）正文。第一部分为投标邀请，第二部分为技术规范及要求，第三部分为投标人须知，第四部分为合同一般条款，第五部分为合同特殊条款。

4）附件。招标人提供的附件是要求投标人根据实际情况填写和提交的。附件可以包含投标书、授权书、开标一览表、项目简要说明一览表、投标人资格的证明文件、投标人保证书、投标保函、合同协议书、履约保函等文件资料。

2. 物业管理招标标底

（1）物业管理招标标底的内容

1）标底的综合编制说明。

2）物业现场状况、影响因素、物业维修工程量清单与价格、管理服务要求或预算方案。

3）标底附件。如物业的地质、水文、地面情况的有关资料，编制标底所依据的有关文件或方案等。

（2）编制物业管理招标标底的原则

1）根据国家或地方政府制定的规范文件、法规条例、招标物业的服务定位情况、该物业的基本条件与区域环境以及招标文件的要求等编制标底。

2）标底的计价内容、计价依据应与招标文件的规定完全一致。

3）标底价格作为招标人的期望计划价，应力求与市场的实际变化相吻合，要有利于竞争和保证服务质量。

4）标底价格一般应由成本、利润、税金等组成。

5）一个项目只能编制一个标底。

（3）物业管理标底的分类

在实践中，物业管理标底的编制主要有以下两种情况：

1）不设详细标底。对于只对目标物业的服务进行服务方案策划招标的招标项目，一般可以不设详细标底，主要是根据当地政府确定的收费标准、投标人的管理与服务策划方案等选择中标人。

2）详细测算标底价格。对于增加了收费报价测算的招标，由于在物业的公共服务费用的报价上存在竞争，招标方可以按照有关规定，并依据招标文件中所阐述的各种技术、质量和商务方面的要求测定出标底。这时，编制的标底可以作为衡量投标单位报价的准绳，也是评标和确定中标人的重要依据。

3. 物业管理招标文件的内容

《前期物业管理招标投标管理暂行办法》第十条规定，招标文件应包括以下内容：招标人及招标项目简介（包括招标人名称、地址、联系方式及项目基本情况、物业管理用房的配备情况等）、物业管理服务内容及要求（包括服务内容、服务标准等）、对投标人及投标书的要求（包括投标人的资格、投标书的格式及主要内容等）、评标标准和评标方法、招标活动方案（包括招标组织机构、开标时间及地点等）、物业服务合同的签订说明、其他事项的说明及法律法规规定的其他内容。

按照国际惯例，物业管理招标文件的基本内容可概括为三大部分，具体来说又可以归纳为六大要素。

（1）三大部分

1）投标人须知。投标人须知是招标人对投标人在编制投标文件的过程中，有关业务、手续和信誉方面所做的规定，还有对评标、定标等方面的细则所做的说明。主要有：解释招标文件的部门和联系人；填写标书的规定和投标、开标的时间、地点；投标人对招标文件有关内容提出建议的方式；招标人权利：招标人保留拒绝不合要求的标函，以及在特殊情况下可能推迟投标、开标日期的权利；招标人对投标文件保密的义务；招标人对未中标方的义务与处理等。

2）投标人必须按规定填报的投标书格式，这些格式将组成附件作为招标文件的一部分。

3）物业管理合同的签订条件（包括一般条件和特殊条件）以及应办理的文件格式。

（2）六大要素

1）招标公告或投标邀请书。

2）技术规范及要求。

3）投标人须知。

4）合同一般条件。

5）合同特殊条件。

6）附件（附表、附图、附文等）。

由以上内容组成的招标文件要向投标人公开，投标人通过资格预审后，按规定向招标人索取。但是，招标文件中还有一个重要的组成部分——标底，它是不向投标人公开的，是招标人根据政府有关方面的规定及本物业管理目标而确定的管理服务项目和收费标准，也是评标、决标的重要依据。

另外需要注意的是，招标公告或者投标邀请书是否归入招标文件中，在实践中有以下两种情况：

1）若采用邀请招标方式招标，邀请书往往作为投标通知书单独寄发给潜在投标人，因而不属于招标文件的一部分。

2）若采用公开方式招标，招标人先发布招标公告和资格预审公告，然后向预审合格的潜在投标人发出正式投标邀请，这时发出的投标邀请书应作为招标文件的一部分。

二、物业管理招标文件和标底的编制

1. 熟悉物业项目及所在区域环境

物业管理项目要开展招标，招标人首先要了解并熟悉项目的具体情况。要想达到了解并熟悉，必须对项目的各类图纸、说明进行查看、阅读，并且要对项目周边的环境进行调研。在编制物业管理招标文件时，各项管理所应符合的技术规范和指标，应该根据目标物业的实际情况进行编写。编写的过程中，对各项基本管理服务的要求须规定明确、交代清楚，并力求用语严谨、明确，不产生歧义。

编制物业管理招标文件时，还应注意为投标者提供一切必要的情况介绍，尤其是全国性公开招标，一些外地单位到本地来竞争，由于不熟悉当地环境，有可能在编写投标书时遇到困难，这就需要物业管理招标文件中能详细介绍相关情况并起到指导作用，以增强他们参加投标的信心。上述内容的编制都需要招标人对项目有全面的了解和调研才能实现。

2. 确定物业管理目标与招标标底

物业管理招标标底是业主所期望的管理服务水准和所能承受的物业管理费最高限额的统一。一个招标项目只能有一个标底，标底必须保密。一个正确、合理的物业管理标底应反映以下内容：

（1）该物业本身的档次

一般物业管理费的高低与物业本身档次成正比。

（2）管理服务的项目、标准

招标人对即将开展招标项目的物业管理要有一个正确的定位，即该项目开展物业管理工作以后，其质量要达到什么水平，符合什么要求。比如，项目是别墅区时，其物业管理服务质量应达到什么要求；项目是高档写字楼时，其物业管理服务质量达到什么要求；项目是普通住宅小区时，其物业管理质量应达到什么要求。这些都需要在招标文件中予以明确阐述。

（3）业主的经济承受能力及性情、喜好

标底反映了业主的消费水准和消费意向。标底的组成部分中，单项管理费的高低反映了该物业项目业主的喜好。例如，绿化管理费的比例较高，说明业主注重生态环境及环境美化。

（4）业主委员会的自治管理水平

正确、合理的标底是业主最高经济承受力的体现，也是管理目标实现的最低开销。如何把两者有机统一起来，是业主委员会最主要的任务之一，也是对业主委员会自治、自律能力的衡量标准。当然，业主委员会也可以通过委托招标代理机构来完成标底的制定工作。

物业管理招标文件中的"管理目标"是投标企业编制投标文件的主要依据。管理目标的货币表现形式为标底，投标企业若想中标，它的投标报价必须尽量接近标底，而要做到这点，投标企业对管理目标必须有透彻的理解。因此，制定管理目标是编制招标文件的重要内容。招标单位的管理目标一旦公布，就不宜随便变更，否则会影响招投标的严肃性和公正性。

物业管理招投标作为一种市场行为，应受"等价交换"的市场规律制约。如果把招标方制定的管理目标看成是"质"，把投标方接近标底的报价看成是"价"，那么，这种"质"和"价"的关系为：高质量需要相应的价格作保证，质随价的变化而变化，即招标方出什么样的价，投标者就提供什么档次的服务。当然，也有物业服务企业愿意以相对低的价格提供较高质量的服务。所以，物业管理的投标报价与其他项目的投标报价相比，其报价弹性较大。因此，制定标底的关键在于标底与管理目标的水平相适应，而管理目标的水平应该是该物业管理区域内大多数业主的意向和承受力的统一。开发商（业主委员会）或招标代理机构在编制标底时必须考虑以上因素。

3. 确定投标、开标、定标的日期及其他事项，编写招标文件

根据物业项目的要求，确定招标、投标、开标、评标及定标日期。通常招标公告发出后，要留出一定的时间让物业管理投标企业编制并送达标书。《招标投标法》中规定：依法必须进行招标的项目，自招标文件开始发出之日起至投标人提交投标文件之日止，最短不得少于20日。另外，《前期物业管理招标投标管理暂行办法》还对开标时间做了严格的规定：开标应当在招标文件确定的提交投标文件截止时间的同一时间公开进行。目的在于保证招投标的公平、公正，保证投标书不会意外泄露。为了使物业管理招标工作正常进行，确保参加投标的各物业服务企业按照统一要求参加，招标单位必须编写好招标文件。

4. 完成物业管理项目招标备案工作

为保证招投标工作顺利进行并取得预期的结果，物业管理行政主管部门要对项目进行审核，需由业主委员会或开发商成立的招标领导小组向行政主管部门领取相关表格，填写完整，并按要求提交相关资料，以完成申报环节的工作内容。

《前期物业管理招标投标管理暂行办法》中规定：招标人应当在发布招标公告或者发出投标邀请书的10日前，提交以下材料报物业项目所在地县级以上地方人民政府房地产行政主管部门备案：

（1）与物业管理有关的物业项目开发建设的政府批件。

（2）招标公告或者招标邀请书。

（3）招标文件。

(4) 法律、法规规定的其他材料。

有些地方规定，若属业主委员会招标的，还要提交经业主大会通过的有关招标的决议，这样做的目的是保证业主行使自治的权利。若房地产行政主管部门发现招标有违反法律、法规规定的，应当及时责令招标人改正。

5. 发布物业管理招标公告或投标邀请书，接受投标申请人报名

(1) 发布招标公告

采用公开招标方式招标，招标人首先要在公共媒介上发布招标公告。招标公告是招投标工作开展的说明，是面向社会一切愿意参加竞标的物业服务企业的一种公开性告示。发布招标公告也是公开招标最显著的特征。《招标投标法》规定：依法必须进行招标的项目的招标公告，应当通过国家指定的报刊、信息网络或者其他媒介发布。我国《招标公告发布暂行办法》中还规定，指定媒介发布依法必须招标项目的招标公告，不得收取费用，但发布国际招标公告的除外。《前期物业管理招标投标管理暂行办法》则明确，要同时在中国住宅与房地产信息网和中国物业管理协会网站上发布免费招标公告。

案例1—1

网上发布招标公告

如图1—9所示，招标人可以通过中国物业管理协会网站的“招标信息”栏目发布招标公告。图1—10为某项目在中国物业管理协会网站发布的招标公告。

图1—9 中国物业管理协会网站信息

第一章

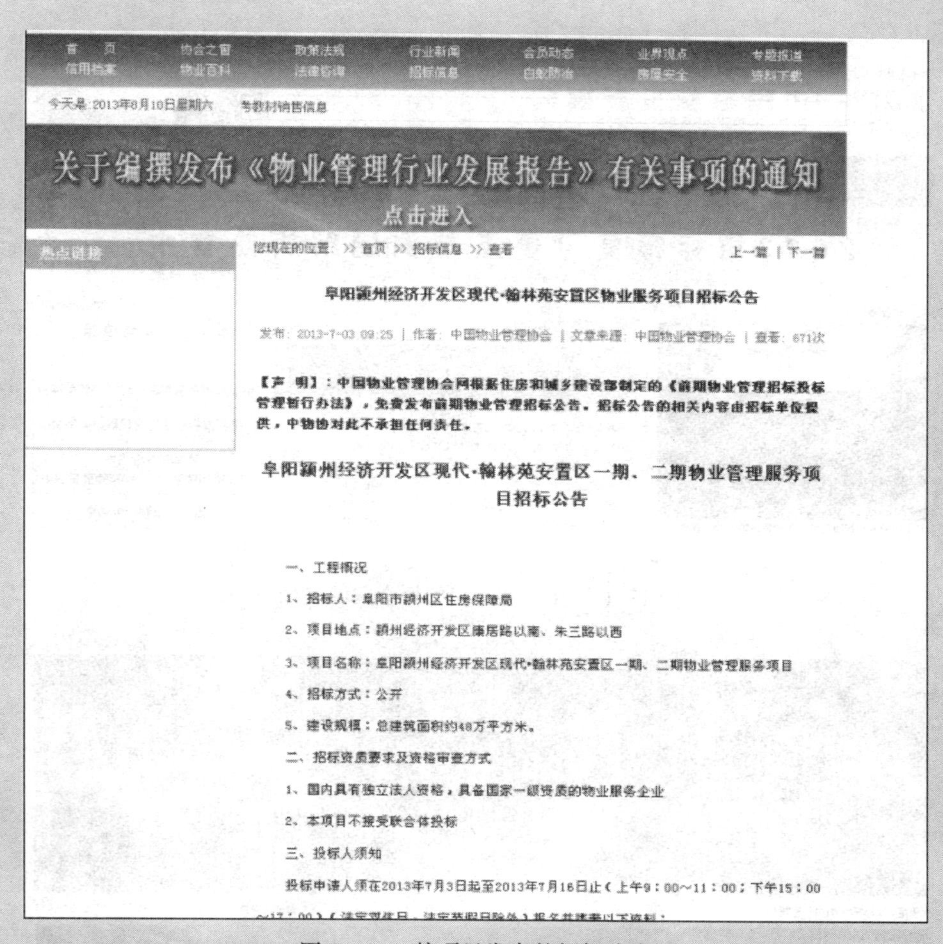

首页 协会之窗 政策法规 行业新闻 会员动态 业界观点 专题报道

信用档案 物业百科 法律咨询 招标信息 白蚁防治 房屋安全 资料下载

今天是:2013年8月10日星期六 考教材销售信息

关于编撰发布《物业管理行业发展报告》有关事项的通知

点击进入

热点链接

您现在的位置: >> 首页 >> 招标信息 >> 查看 上一篇 | 下一篇

阜阳颍州经济开发区现代·翰林苑安置区物业服务项目招标公告

发布:2013-7-03 09:25 | 作者:中国物业管理协会 | 文章来源:中国物业管理协会 | 查看:671次

【声　明】:中国物业管理协会网根据住房和城乡建设部制定的《前期物业管理招标投标管理暂行办法》,免费发布前期物业管理招标公告。招标公告的相关内容由招标单位提供,中物协对此不承担任何责任。

阜阳颍州经济开发区现代·翰林苑安置区一期、二期物业管理服务项目招标公告

一、工程概况

1、招标人:阜阳市颍州区住房保障局

2、项目地点:颍州经济开发区康居路以南、朱三路以西

3、项目名称:阜阳颍州经济开发区现代·翰林苑安置区一期、二期物业管理服务项目

4、招标方式:公开

5、建设规模:总建筑面积约48万平方米。

二、招标资质要求及资格审查方式

1、国内具有独立法人资格,具备国家一级资质的物业服务企业

2、本项目不接受联合体投标

三、投标人须知

投标申请人须在2013年7月3日起至2013年7月16日止(上午9:00~11:00;下午15:00

图 1—10　某项目发布的招标公告

中国招标投标协会(China Tendering&Bidding Association,CTBA)是经国务院批准、民政部注册登记,受国家发展和改革委员会管理的全国性的社会团体,是对外代表中华人民共和国的招标投标行业协会。它是由我国从事招标投标活动的企事业单位、社会中介组织,进行招标投标理论研究的机构、团体、专家学者,以及招标投标从业人员自愿组成的非营利性招标投标行业组织。中国招标投标协会网(http://www.ctba.org.cn)是一个权威性高、影响力大、覆盖面广的发布招标信息的网络平台。招标人可以在该平台发布招标公告,招标公告可以免费查阅,如图 1—11 所示。

在招投标信息发布方面,国内另外一个影响力较大的网络平台是中国招标投标网(CEC),如图 1—12 所示。

中国招标投标网(www.cec.gov.cn)的权威性也较高,由工业和信息化部主管、中国机电设备招标中心和中国机电设备成套服务中心主办。但它仅面向企业提供会员制服务,必须缴纳会费成为会员才能享受其服务,包括发布招标公告或查阅招标公告等。

第一章

图 1—11 中国招标投标协会网站信息

图 1—12 中国招标投标网网站信息

第一章

在这个环节中，招标人应注意选择合适的媒体把招标公告发布出去。选择何种媒体直接决定了招标信息的传播范围和传播速率，进而影响招标的竞争程度和招标效果。

通过报刊发布招标公告是一种传统的方式，在实践中运用较广泛。随着现代信息技术的发展和政府的规定，使得招标人越来越多地选择网络发布招标公告。随着科学技术的发展，可能还会出现一些新的发布媒介，例如利用微博、微信等平台发布。

招标公告的主要目的是发布招标项目的有关信息，使感兴趣的潜在投标人能知悉与项目有关的主要情况，以便定夺是否参与该项目的投标。可以说，招标公告的内容对潜在投标人的影响是重大的。一般招标公告应当载明下列事项：招标人的名称和地址，招标项目的性质、数量，招标项目的地点和时间要求，获取招标文件的办法、地点和时间，购买招标文件的费用，以及需要公告的其他事项。

物业管理招标公告的主要内容包括：

1）标的。拟招标的物业名称，主要介绍物业管理招标的项目。

2）招标的对象。规定什么样的企业可以参加投标。

3）组织机构。根据项目大小组织成立的招标领导小组或工作小组。

4）有关招标的说明。项目进行招标时，可能还需要说明其他一些问题，比如参加投标应提交的文件种类，由招标领导小组对报名企业进行资格审查，购买标书的条件，现场答疑会召开的时间、地点，开标的时间，评标的方式，报名投标的截止日期、报送投标书截止日期及其他有关事项。

案例1—2和案例1—3是两个不同类型物业管理招标的招标公告，供参考。

案例1—2

住宅小区前期物业管理招标公告（开发商发布）

××山水花园一期前期物业管理招标公告

××房地产有限公司根据《物业管理条例》《前期物业管理招标投标暂行办法》及《××市物业管理招标投标程序》的规定，就××山水花园一期前期物业管理向社会公开招标。凡具备独立法人资格、物业管理资质、物业管理能力和信誉良好的公司可参加投标。

一、招标人

××房地产有限公司。

二、招标项目名称

××山水花园一期。

三、招标项目概况

项目位于××市××街××工业园内，总建筑面积约225 029.05米^2（其中住宅建筑面积约172 619.92米^2，地下面积约32 325.92米^2，其他面积约20 083.21米^2），住宅总户数约1 006户，车位约1 732个。

四、管理期限

三年（自合同生效至业主委员会代表业主大会与其选出的物业管理企业签订的物业服务合同生效时止）。

五、投标报名时间

公告之日起至2012年2月29日9：00止（北京时间）。

六、投标报名地点

××市××街××工业园内××山水花园会所。

七、资格预审时间和地点

2012年2月29日16：00（北京时间）；

资格预审地点：××市××街××工业园内××山水花园会所。

八、招标文件获取办法、资料费及投标保证金

1. 投标人自收到我司发出预审合格通知书后，于2012年3月1日起5个工作日内9：00至11：00携带公司营业执照副本、物业管理企业资质证书复印件到以上招标地址领取招标文件，逾期将作弃权处理。

2. 招标文件资料费每套人民币500元（现金支付，售后不退）。

3. 通过资格预审的各投标人，于开标前一天向招标人交纳投标保证金人民币伍仟元整（￥5 000），中标结果公布后十天内无息退还给投标单位。

九、投标截止时间

2012年3月21日14：30（北京时间）。

十、开标时间和地点

2012年3月21日14：30（北京时间）；

开标地点：××市××街××工业园内××山水花园会所会议室。

十一、投标申请人需具备的条件

1. 独立法人资格。

2. 行政主管部门颁发的二级以上物业管理企业资质。

3. 管理小区的主要负责人具有管理居住小区3年以上工作经验。

十二、投标申请人投标报名时需提供的材料

1. 投标报名申请书（含业绩情况）。

2. 营业执照（经年审合格）正本、副本复印件。

3. 法定代表人证明书原件及身份证复印件（如属法定代表人授权的还需提供法定代表人委托书原件及代理人身份证复印件）。

4. 物业管理企业资质证书正本、副本复印件。

说明：投标申请人提供的以上资料均一式一份，并按上述顺序装订，所有复印件需加盖物业管理企业公章，并需备原件核对。上述资料有任何一项缺漏，都将被视为弃权。

十三、投标申请人资格审核

投标申请人要对所提供资料的真实性、准确性负责，若有虚假或偏差，一经查实，将取消其投标资格。

十四、投标申请人资格确定

在资格预审合格的投标申请人过多时，由招标人根据该项目自身的实际情况及要求，按报名的先后顺序从中选择先报名且资格预审合格的3家投标申请人。

资格预审合格的3家投标申请人，应按《××山水城一期前期物业管理招标文件》要求整理投标书，并按顺序装订成册，对于公司营业执照、资质类文件及涉及价格方面内容加盖物业管理企业公章。投标书一式四份，应使用文件袋密封好并加盖企业公章。

十五、联系方式

联系地址：××市××街××工业园内××山水花园会所

联系电话：×××××××

联系人：×××

招标人：××房地产有限公司

2012年2月21日

案例1—3

住宅小区物业管理招标公告（业主委员会发布）

××小区业主委员会物业管理招标公告

一、招标项目名称

××小区。

二、招标方式

公开招标。

三、项目概况

××小区位于××市鼓楼区洪山镇梅峰路56号，总建筑面积54.666米^2，共5幢带电梯楼房，住户392户，私家车位250个（其中地下私家车位170个，地面公共停车位80个）。

四、合同期限

三年（合同期满后同等条件享有优先权）。

五、报名条件

1. 投标人须具有行业主管部门核发的三级以上（含三级）物业管理资质（必须提供相关证明材料复印件，原件备查），注册资金50万元以上（含50万元）。

2. 企业从事物业管理业务5年以上。

3. 2009年1月1日至2012年3月29日期间被业主解聘的物业服务企业不得参与此次投标。

4. 本次招标不接受联合体投标。

六、报名时间与地点

凡符合条件并有意向参与投标的物业服务企业，请于本公告发布之日起至2012年4月8日领取报名参加投标的有关文件；正式报名截止日期为2012年4月8日；有关企业可组织对招标项目进行实地考察。

七、投标抵押金投标保证金

被邀请的投标单位应交纳2万元的投标保证金，如未能中标3个工作日内无息退还保证金。

八、投标文件送达时间和地点

各投标人应在2012年4月18日8：00之前将投标文件密封后送达本小区，由招标方联系人当面签收。

九、开标时间和地点

2012年4月18日15：00准时在××小区四号底层业主活动中心开标，请各投标人准时到场，过时不候。

十、招标费用

由中标单位承担。

十一、招标文件价格

每份100元整。

希望××小区全体业主和社会各界有关人士认真负责地向被授权招标单位推介和告知符合条件的物业服务企业及时前来报名参加投标。

联系人：张先生 电话：××××××

××小区业主委员会

2012年3月29日

(2) 发出投标邀请书

《招标投标法》规定，采用邀请招标方式的，招标人应当向3个以上特定的法人或者其他组织发出投标邀请书，具体数量则根据招标项目的特点和潜在投标人的情况确定，但不能少于3个，而且应当选择具有承担招标项目能力的、资信情况良好的潜在投标人。北京市则明确规定要向5家以上物业服务企业发出投标邀请书。采用议标方式的，招标人一般应向2个以上有兴趣参与投标的投标人发出邀请书。

投标邀请书与招标公告一样，均是招标人向潜在投标人发出的邀请其参加投标的意思表示。投标邀请书的基本内容包括招标公司的名称、招标物业的名称与地点、招标范围简要说明、发售招标文件的时间与地点、参加招标的要求事项等。下面是两种投标邀请书的简易格式（见案例1—4和案例1—5），供参考。

案例1—4

投标邀请书（开发商适用版本）

投标邀请书

（投标人单位名称）：

我单位（招标人单位名称）物业项目（项目名称）的招标申请经市（区、县）招标办批准，特邀请你单位参加本物业的投标。

招标会将于_____年____月____日_____时____分在____大厦____楼______室举行，届时请你单位派代表（限____人）准时参加。

领取招标文件和其他有关说明时，请缴纳以下费用：

1. 招标文件资料费：每套人民币____元（现金支付，售后不退）；

2. 投标保证金：人民币_____元整（中标结果公布后十天内无息退还给投标单位，可以选择现金或支票方式支付）。

招标单位：××世贸大厦有限公司（盖章）

经办人：　　　　　　电话：

年　　月　　日

案例1—5

投标邀请书（业主委员会适用版本）

投标邀请书

（投标人单位名称）：

为配合城市综合管理，使本物业项目（项目名称）在专业物业管理的基础上保值、增值，使业主及使用人享有良好的生活、工作环境，经全体业主讨论决定，同意邀请你单位参加投标，请接到本邀请书后速来领取招标文件，每套人民币____元（现金支付，售后不退），并缴纳投标保证金人民币____元整（中标结果公布后十天内无息退还给投标单位，可以选择现金或支票方式支付）。

招标单位名称：××世贸大厦业主管理委员会（盖章）

经办人：　　　　　　电话：

年　　月　　日

（3）接受投标申请人报名

招标人按照招标公告或投标邀请书中规定的时间和要求，接受投标申请人报名，并接收投标申请人提交的报名材料。一般来说，需要投标申请人提交以下材料：

1）投标报名申请书（含业绩情况）。

2）营业执照（经年审合格）正本、副本复印件。

3）法定代表人证明书原件及身份证复印件（如属法定代表人授权的，还需提供法定代表人委托书原件及代理人身份证复印件）。

4）物业管理企业资质证书正本、副本复印件。

在接收上述资料时，招标人会要求投标申请人按要求装订好，所有复印件需加盖投标申请人（物业服务企业）单位公章，并需备原件核对。

有些项目的招标人还要求投标申请人提供组织机构代码证（经年审合格）原件及复印件、税务登记证原件及复印件等资料，对于一些外地物业服务企业申请投标的，要求出具当地行政主管部门的诚信证明等，目的在于更全面了解物业服务企业的资质和经营情况。

模拟实训

城投集团金悦房地产发展有限公司董事会已开会讨论通过，并成立了金悦世纪花园前期物业管理招标委员会。赵旭作为招标领导小组的组长，准备带领招标委员会开展招标准备工作中最重要的工作内容：编制招标文件和标底及发布招标信息。招标委员会秘书处的张伟负责协助赵旭开展工作。

一、编制物业管理招标文件和标底

由于金悦世纪花园项目采用公开招标方式选聘前期物业管理的物业服务企业，经理组织招标委员会开会，共同讨论和决定编制招标文件和标底，以及发布招标公告的相关事宜。

1. 制订招标工作计划

组织大家共同讨论和制订招标工作计划，安排好每个阶段的工作时间，并将工作任务分配到各部门及各负责人。具体内容如下：

金悦世纪花园前期物业管理招标工作计划

一、编制招标文件和发布招标公告

1. 2013年7月27日上午，招标委员会开会审定招标标底、技术标准、招标公告（投标邀请函）初稿和招标工作计划。

2. 2013年7月27日下午，专业技术部提供编制招标文件所需的有关技术标准、服务、商务等方面的材料和要求。

3. 2013年7月28日至8月9日，专业技术部编制招标文件。8月9日上午秘书部联系办理刊登招标公告事宜。

4. 2013年8月10日上午，招标委员会将招标文件初稿送董事会审核。

5. 2013年8月11日上午，董事会将讨论通过的招标文件交付招标委员会。

6. 2013年8月11日下午，招标委员会秘书处组织招标文件的印刷。

7. 2013 年 8 月 12 日，秘书处开始发售招标文件。

二、接受投标

1. 开始时间：2013 年 8 月 12 日。

2. 截止时间：2013 年 9 月 12 日 8：30—10：00。

3. 地点：广州市越秀区东风东路××大厦 1203 房。

4. 接受投标部门：招标委员会秘书处、公证处。

三、开标工作程序及安排

1. 投标

（1）截止时间：2013 年 9 月 12 日 8：30—10：00。

（2）地点：广州市越秀区东风东路××大厦 1203 房。

（3）接受投标部门：招标委员会秘书处、公证处。

2. 开标

（1）时间：2013 年 9 月 12 日 10：00—12：00。

（2）地点：广州市越秀区东风东路××大厦 1203 房。

（3）开标筹备工作

1）开标会文件资料准备及发出邀请函。

2）开标会现场布置及会务准备。

（4）开标工作人员名单

公证人：××

验标人：××

唱标人：××

主持人：××

记录人：××

（5）开标程序

1）主持人宣布开标。

2）请××部门、××部门有关领导讲话。

3）主持人宣读评委名单及开标工作人员名单。

4）主持人宣布评标办法。

5）请投标人代表检查各自投票文件密封情况。

6）唱标。

7）公证处致公证词。

8）宣布质疑时间安排。

9）宣布有关注意事项。

（6）评标日程安排

1）2013 年 9 月 12 日

①14：00—14：30，召开评委预备会，宣布评委纪律，介绍评标办法。

②14：30—18：00，评委阅读投标文件。

③19：00—21：00，评委归纳质疑问题。

2）2013年9月13日，8：30—12：00，13：30—18：00，评委质疑。

3）9月14日、15日，评委评标，写出评标报告。

4）9月16日，招标委员会将评标报告上报董事会，由董事会确定中标单位。

5）中标单位确定后，由招标委员会秘书处向中标单位发出中标通知书，并组织与中标人签订合同。

四、评标原则

1. 公平地对待所有投标人。

2. 招标文件和投标文件是评标的依据。

3. 评委会按照“公平、科学、严谨”的原则，从性能、质量、价格、服务、资信等方面，综合评价出中标优选方案。各项评价因素量化计分作为综合评价基础。评价内容严格保密。

4. 中标的基本条件

（1）投标文件必须对招标文件的实质性要求完全响应。

（2）投标人有良好的执行合同的能力。

（3）该投标人的报价对招标人最有利。

（4）能够提供最佳服务。

（5）获得最低评标价。

五、评标委员会及会务组

评标委员会委员共9人，设主任委员、副主任委员各一名。整个投标、开标过程，由公证处人员实施法律监督，并将特聘番禺区房管局物业管理科、董事会董事各一位同志作为监察员参加投标、开标、评标的全过程。评标中若出现重大问题，应及时向主任委员和副主任委员汇报。

评标委员会成员：待定（9月12日前确定）。

监察员：××。

会务资料组：组长×× 工作人员××。

会务组具体职责：

1. 负责评标工作所需的设备、物品、交通、通信等的落实及管理工作。

2. 负责资料的登记、保管、借阅、打印、回收等管理工作。

3. 负责评标会务的财务工作。

4. 负责评标询标会议的会务组织工作。

5. 负责对外联络工作。

六、具体评标方法（参考招标文件中规定，略）

七、评标工作保密守则

自开标后，有关投标的审查、评定、澄清问题，以及评标、定标情况均属于机密。为防止泄密及保证评标工作顺利完成，评委和有关工作人员不得将评标工作的任何问题及情况透露给与评标工作无关的人员，更不得向投标单位或与投标单位有关的部门泄露。在评标阶段，所有对外活动及问题的澄清，都必须在评标委员会主任委员或副主任委员的领导下进行，严禁未经许可，自作主张进行对外活动。

为了评标的顺利进行，防止问题发生造成不良后果和影响，特制定以下4项保密规定。所有参加评标工作的人员，在评标期间必须认真执行。具体如下：

1. 遵守资料复印和借阅等管理制度。评标过程中，有关资料由会务资料组负责统一管理，投票文件、资料及各种表格等，只限于在评标规定的场所使用，不得外带。未经会务资料组同意，有关资料不得复印。

2. 评标人员不得以口述、电话、传真、书信等方式将有关评标内容（投标文件、评标情况、评标方式及进度等）透露给未参加评标的人员（包括亲属、朋友、同事等）和未参加评标的各级领导，不得擅自对外公布评标的一切内容。未经评委会主任委员同意，不能向本单位汇报评标情况，在本单位领导主动询问时应不予答复，不得将评标资料带回家。

3. 评标小组的废纸、废表格、废草稿等，要集中存放，由会务组统一销毁。

4. 如发现资料遗失等问题，应及时向主任委员或副主任委员及会务组报告。如发现评标人员及工作人员违反本保密条例，或有意造成泄密，将按有关规定进行处理，并立即取消其评委资格，不得参加评标工作。

八、资料管理制度

投标文件及与招标有关的文件资料，一律由会务组统一登记编号、保管及转借评标小组使用，所有正本一般不外借。评标小组应由专人负责借阅和保管资料，资料用完后及时归还。评标工作结束时，会务组应及时清点资料，保证借出的资料全部收回。使用借用资料时，不得在资料上涂改、加字、加符号、加注等，要保证借阅资料的完整和清洁。复印资料一般应交会务组办理，复印的文件、资料使用后，也必须交回会务组。评标小组用于记录的纸张、草稿、填写过的废弃表格、复印资料或打印时的废弃纸张，要集中交会务组统一销毁，个人不能乱扔，以防泄密。

2. 组织编制招标文件和测算标底

组织招标委员会技术部的相关专家，讨论研究和编制招标文件和测算标底的详细内容，招标文件的具体内容要结合金悦世纪花园的实际情况编写，其格式和内容，可以参考本书附录1“物业管理招标文件样本”来制定和编写。同时，技术部的相关专家还要参与草拟评标标准、招标公告或投标邀请书等文件。

二、发布物业管理招标公告或发出投标邀请书

根据技术部专家草拟的相关文件，经理组织招标委员会开会，讨论和决定以下工作：

1. 选择公共媒介发布招标公告，并测算发布招标信息的成本

由于该项目位于广州市，因此首选在广州市物业管理协会网站发布免费的招标公告，当然也可以在多个网络平台同时发布招标公告，最好是影响力较大的全国性的网络平台。同

时，可以选择影响力较大的报纸或者电视台发布招标公告，最大限度地扩大宣传范围和影响力，但也要考虑广告成本，一般来说电视台的广告费用最高，故可依实际情况考虑是否采用。

2. 编制招标公告，并联系合适的渠道发布

经理安排招标委员会秘书处根据专家草拟的招标公告编制最终的招标公告并联系合适的媒体和渠道发布招标公告，具体的操作可参考本书“金悦世纪花园前期物业管理招标工作计划”中的内容。

三、办理物业管理项目招标备案登记手续

金悦世纪花园招标委员会秘书处应根据规定，在发布招标公告或者发出投标邀请书的10日前，提交以下材料报项目所在地行政主管部门番禺区房管局备案：

1.《关于金悦世纪花园修建性详细规划的批复》。

2. 招标公告。

3. 招标文件。

4. 招标小组人员情况表。

5. 法律法规规定的其他材料。

番禺区物业管理行政主管部门要对项目进行审核，由金悦世纪花园招标领导小组向行政主管部门领取“物业管理服务招（邀）标申请表”和“招标小组人员情况表”，填写完整，以完成申报环节的工作内容。

四、接受物业管理投标申请人报名

金悦世纪花园招标委员会将根据招标工作计划的时间安排，在招标公告中标明的申请投标期限内，由招标委员会秘书处负责接受投标申请人的报名。为了保证招标过程的公平、公正，可以聘请公证处的人员参与该环节的工作。秘书处按规定接收投标申请人提交的报名材料时，要注意以下两点：一是所有资料必须按要求装订好，且所有复印件需加盖投标申请人（物业服务企业）的单位公章，并需备原件核对；二是对于一些外地物业服务企业申请投标的，要求出具当地行政主管部门的诚信证明。

该操作环节中，投标申请人需要向招标委员会提出投标申请书，而秘书处在接受物业管理投标申请人报名时，则需要出具投标申请收件凭证，格式如下：

投标申请书

金悦世纪花园前期物业管理招标委员会：

贵会于2013年8月12日发出金悦世纪花园前期物业管理招标公告，本公司认为符合招标公告要求的条件，现申请投标，请函复。

广州市宜居物业服务有限公司（盖章）

2013年8月15日

投标申请收件凭证

广州市宜居物业服务有限公司：

我招标委员会于2013年8月15日收到你公司申请参加金悦世纪花园前期物业管理投标的资料一份。

金悦世纪花园前期物业管理招标委员会（盖章）

2013年8月15日

思考与练习

1. 什么是物业管理招标的标底？编制物业管理招标标底要遵循哪些原则？
2. 物业管理招标文件一般由哪些内容构成？
3. 一般物业管理招标公告应载明哪些事项？
4. 试简述物业管理招标的筹备及招标备案工作流程。

第3节 物业管理投标资格预审与标书收存

学习目标

掌握物业管理招标实施的基本程序；熟悉物业投标资格预审与收存标书的工作内容；能模拟物业管理招标实施的工作过程。

一、相关概念

1. 投标申请人的资格审查

对投标人进行资格审查是招标人的一项权利，也是招标实施过程中的一个重要步骤。其目的是审查并确定投标申请人是否具有承担招标项目的能力，以保证投标人中标后能切实履行合同内容。根据《招标投标法》的规定，招标人对投标人资格审查的权利包括两方面的内容：一是有权要求投标人提供与其资质能力相关的资料和情况说明，二是有权对投标人是否具有相应资质能力进行评审。资格审查对保障招标人的利益和招投标活动的顺利进行有着重要意义。

招标人对投标人的资格审查可分为资格预审和资格后审两种形式。资格预审是指投标人投标前，由招标人发布资格预审公告或邀请，要求潜在投标人提供有关资质证明，预审合格者才能被允许参加正式投标；资格后审是在投标人提交投标文件后，对投标人或中标人是否具有合同履行能力进行审查。

在实践中，招标人采用资格预审方式的较多。资格预审可以减少正式招标的工作量，提高效率、降低成本、节约时间，还能帮助招标人了解投标人对招标项目的兴趣，也使一些不符合资格要求的投标人早点退出角逐，避免财力、物力与人力的浪费。因此，资格预审对招标人和投标人均有益处，实践中被广泛运用。

2. 物业管理招标现场答疑（标前会议）

在进行规模较大、比较复杂的物业管理项目招标时，通常由招标单位的招标机构在投标人购买招标文件后，统一组织投标申请人参加现场答疑会议，也称为标前会议。标前会议通常安排在物业管理招标项目现场，或者先到项目现场视察，再集中开标前会议。招标人组织投标企业到施工现场进行察看时，主要介绍工程情况、交底，回答有关投标单位对招标文件、设计图纸等提出的问题，并以补充招标文件的形式书面通知所有投标企业。召开标前会议的目的在于解答投标人提出的各类问题。

3. 物业管理投标资格预审与标书收存

（1）投标申请人资格预审工作程序

1）编制资格预审文件。

2）发布资格预审公告。

3）组建资格审查委员会（仅适用于资格预审形式，采用资格后审形式则无须组建）。

4）审查与确认投标单位资格。

5）发出资格预审合格通知书和资格预审结果通知书。

（2）招标人接受投标工作程序

1）发售招标文件，组织现场答疑。

2）接收和收存投标书。

3）组织对投标人的业绩考察。

二、物业管理投标资格预审工作实施细则

1. 编制资格预审文件，发布资格预审公告

《招标投标法》第十八条明确规定，招标人可以根据招标项目本身的要求，在招标公告或者投标邀请书中，要求潜在投标人提供有关资质证明文件和业绩情况，并对潜在投标人进行资格审查。物业管理投标资格预审，是指在招标投标中对潜在投标人比较多的招标项目，招标人组织审查委员会对资格预审申请人的投标资格进行预先审查。资格预审的目的在于向有意愿参加前期资格审查的投标人提供有关项目的介绍，并按照其要求审查投标人提供的与完成本项目有关的资料。最后确定有资格参与投标的投标人的名单，并向合格的申请人发出投标邀请书和向不合格的申请人发出未通过资格预审通知的过程。

招标人或招标代理机构若需要开展投标资格预审工作，必须在招标公告中注明。在编制资格预审文件过程中，其方法和标准的制定，可以参照物业管理招标文件的编制方法和步骤来操作，由招标委员会组织相关专业人员共同编制。

招标人或招标代理机构对有兴趣投标的法人或者其他组织进行资格预审前，应当通过报刊或者指定媒介及其他媒体发布资格预审公告。在选择何种媒介发布资格预审公告时，可参考发布招标公告的做法，权衡发布媒介的覆盖率、影响力，衡量广告费用投入成本的合理性。

（1）资格预审公告载明的事项

1）招标人的名称和地址。

2）招标项目的性质、数量。

3）招标项目的地点和时间要求。

4）获取资格预审文件的办法、地点和时间。

5）领取资格预审文件需交纳的费用。

6）提交资格预审申请书的地点和截止日期。

7）资格预审的日程安排。

8）需要公告的其他事项。

资格预审公告格式可参考案例1—6。

案例1—6

资格预审公告样本

×××物业管理招标中心

关于×××物业管理项目经营资质预审公告

编号：

(物业管理招标机构名称)受(项目招标人名称)的委托，邀请合格物业管理承包商(以下称“承包商”)参加(项目名称及简要说明)的招标资格预审。

该项目(项目规模、工作内容、工作要求、工作量的简要说明)。

凡符合《中华人民共和国招标投标法》规定的合格的承包商均可以参加该项目的资格预审。凡在物业管理方面有丰富经验并对该项目有兴趣的承包商，请按下列地址与(招标机构名称)招标部联系并申请资格预审，资格预审文件将从××××年××月××日开始，每天上午××时至××时出售（节假日除外)，该文件每册售价人民币××元，收款概不退还。接受资格预审申请的截止日期为××××年××月××日下午××时，超过该期限者恕不接受。

招标机构名称：

地址：

电话和传真：

××××年××月××日

（2）资格预审环节注意事项

1）编制依法必须进行招标的项目的资格预审文件，应当使用政府规定的标准文本。资

第一章

格预审文件中应载明资格预审的标准和方法。

2）资格预审公告中应明确规定发售资格预审文件的时间和地点，并且资格预审文件的发售期不得少于5日。

3）招标人应当合理确定提交资格预审申请文件的时间。一般来说，自资格预审文件停止发售之日起不得少于5日。这样做的目的是确保投标申请人有足够的时间来准备相关材料。

4）招标人可以对已发出的资格预审文件进行必要的澄清或者修改，在提交资格预审申请文件截止时间届满至少15日前，以书面形式通知所有获取资格预审文件的潜在投标人。不足15日的，招标人应当顺延提交资格预审申请文件的截止时间。潜在投标人或者其他利害关系人对资格预审文件有异议的，应当在提交资格预审申请文件截止时间届满2日前提出，招标人应当自收到异议之日起3日内做出答复；做出答复前，应当暂停招标投标活动。

（3）资格预审文件的内容

1）投标申请人须知。该部分应介绍投标人参加资格预审工作的具体要求，包括资格预审申请、资格预审评审标准、申请书的提交、通知和确认等内容。

2）资格预审细则。

3）资格预审格式文件。该部分招标人提出编写资格预审申请文件的标准格式和内容要求，让投标申请人按要求提交相关资料，一般包括资格预审申请书封面、资格预审申请书目录、资格预审申请书、拟派往本招标项目负责人情况一览表、投标申请人经营和履约情况表、投标申请人一般情况表、投标承诺书等。具体内容及格式可参考案例1—7。

案例1—7

物业管理投标资格预审文件样本

××花园前期物业管理招标投标资格预审文件

投标申请人须知

一、资格预审申请

1. 本项目概况（略）

资格预审将面向具有资格预审合格条件规定的资质条件和具备承担招标项目物业管理能力的企业或机构。

2. 申请的必要合格条件及标准

（1）企业注册所在地区为深圳市，具有独立法人资格。

（2）物业服务企业二级（含）资质以上证书。

（3）营业执照正副本复印件。

（4）ISO9001：2008质量管理体系和ISO14000：2004环境管理双标体系第三方认证证书复印件，双标体系第三方认证证书的审核认证范围必须包括高端别墅项目。

（5）投标承诺书

1）承诺自行承担项目服务机构的前期开办费。

2）承诺自行承担管理用房装修费。

3）承诺中标后支付履约保证金（合同金额的10%）。

4）承诺中标后接受招标人的考核奖罚。

（6）投标人在××市在管总建筑面积不低于5万米^{2}高端别墅物业服务项目和在××市在管三星级及以上酒店物业服务项目物业服务合同备案回执和星级酒店评定书复印件。

（7）法定代表人证明书原件及法定代表人身份证复印件、法定代表人授权委托书原件及受权代理人身份证复印件。

（8）项目负责人的合格条件：项目负责人须具备与招标项目相应的资质等级和资格证。负责人须有物业管理或酒店管理专业本科及以上学历，持全国物业管理企业经理上岗证和全国注册物业管理师资格证，证件不符的不予以受理；项目负责人必须是投标单位的工作人员，同时提供有效的证明资料（人力社保局出具项目负责人在投标单位缴纳社会保险半年以上社保证明）。

（9）经营、履约情况

1）申请人目前有无财产被查封、冻结、破产状况。

2）近一年内有无因投标承诺的项目管理人员不到位或其他不履行投标承诺的行为受到有关行政主管部门通报或记录的情况。

3）除不可抗力外，近一年内有无因中标人原因放弃中标或不能按规定与招标人签订合同或不能履行合同的情况。

4）近一年内有无因申请人不履行投标承诺或其他违约原因引起的合同终止、仲裁和诉讼记录的情况。

5）有无拖欠员工工资问题或其问题已被建设行政主管部门予以通报。

（10）投标申请人应向招标人提供充分和有效的证明材料，证明其具备规定的合格条件和能力。所有投标申请人必须按照本资格预审文件所规定的申请书及附表的内容和格式要求，用不褪色的水笔填写或计算机打印，如实提供有关材料；同时，允许投标申请人自行补充更能全面反映投标申请人资格条件、业绩、能力等方面的资料。

（11）投标申请人须回答资格预审申请书及附表中提出的全部问题，有任何缺项其申请将被拒绝。

（12）投标申请人须提交资格审查有关资料，否则将不能通过资格预审。

（13）投标申请人所提交的申请资料应真实、准确、详细，以便资格预审做出正确的判断，如有弄虚作假、隐瞒真实情形，其申请将被拒绝。

（14）申请书应由投标申请人的法定代表人或其委托代理人签字或盖章并加盖法人印章。没有签字或盖章和加盖法人印章的申请书将被拒绝。由委托代理人签字或盖章的，资格预审申请书中应附有法定代表人的授权委托书。

二、资格预审评审标准

1. 对各投标申请人资格预审，将依据投标申请人提交的资格预审申请书及附表和本须知要求提供的能被证实的资料，符合申请的必要合格条件及标准的1～14项规定的资格预审合格条件。

2. 招标人按照本项目投标资格预审文件规定的评审细则，确定每个投标申请人参与本招标项目的合格性。

3. 若通过资格预审合格条件评审的投标申请人少于3家，按照《××经济特区物业管理条例》第七十四条的规定执行，即经物业所在地区政府物业管理行政主管部门批准后，采用协议方式选聘前期物业管理单位。

三、申请书的提交

1. 投标申请人的资格预审资料要求正副本各一份，在招标公告规定的时间和地点提交给招标人，迟到的申请书将被拒绝。

2. 投标申请人在提交资格预审申请书前，请联系招标方联系人××，联系电话××，提交下列证书、证明资料原件供招标人审查验证：

（1）投标申请人企业法人营业执照正副本及物业管理企业资质证书副本。

（2）拟派驻项目负责人的相关证件、社保证明。

（3）ISO9001：2008质量管理体系和ISO14001：2004环境管理双标体系第三方认证证书。

（4）投标人在××市在管总建筑面积不低于5万米^{2}高端别墅物业服务项目和在××市在管三星级及以上酒店物业服务项目物业服务合同备案回执及星级酒店评定书。

招标人核查以上证件、资料原件后出具“投标人原件查验证明”，如未提交验证或验证相关证件、资料不合格者，其申请将被拒绝，核查合格者请将投标人原件查验证明原件装订进资格预审申请文件正本内，复印件加盖法人印章装订进资格预审申请文件副本内，否则其申请将被视为不合格。

3. 投标申请人提交的全部资格预审文件不予退还（原件除外）。招标人对投标申请人所提交的资格预审文件予以保密。

四、通知和确认

1. 招标人保留的权利

（1）修改招标项目招标公告的资格预审条件等内容。前述情况发生时，投标申请人只有达到修改后的资格预审条件要求且资格预审合格，才能参与该项目的投标。

（2）拒绝不符合资格预审合格条件和任何迟到的申请以及纠正对资格预审做出的错误评审。

（3）直至授标前，发现投标申请人的资格预审资料有弄虚作假、隐瞒真实内容情形，有权取消其投标资格或不予授标。

(4) 直至授标前，由于投标人的主体或法人地位发生实质性变化或处于财产被查封、冻结、破产状态等情形，使得投标人资格条件已达不到资格预审的合格标准，有权取消投标人的投标资格或不予授标。

2. 投标资格预审结束后，招标人将以书面形式通知××市建设工程交易服务中心资格预审评审结果，由其在指定网上进行资格预审评审结果公示。

3. 在提交投标文件时，若投标人投标文件中的项目负责人和资格预审材料中的项目负责人不一致，其投标书将不予以开标。

资格预审细则

一、总则

1. 资格预审工作由招标人负责。

2. 资格预审活动遵循公平、公正、科学、择优的原则。

3. 资格预审活动及其当事人自觉接受法律监督。

二、资格预审评审程序

1. 组建资格预审小组。

2. 资格预审文件的审查验证。

3. 确定合格的投标人。

4. 编写资格预审报告。

5. 由××市建设工程交易服务中心在其指定网站上进行资格预审评审结果公示。

三、相关证书、证明资料文件审查验证

1. 评审前，由评审小组对各投标申请人递交的资格预审材料中的营业执照、资质证书、项目负责人资格证书等资料的复印件进行集中审查验证。

2. 投标人递交资格预审文件前未提交相关原件接受审查验证，无复印件或复印件与原件不一致的，资格预审资料中相对应的内容不予以确认。审查验证后，有关人员应形成书面验证记录。

四、资格预审必要合格条件评审

资格评审小组根据资格预审必要合格条件标准的要求和相关证书、证明资料原件审查验证结果记录，对各投标申请人提交的资格预审材料进行评审。申请人经营、履约情况等方面的信用档案信息将通过司法部门或有关行政主管部门获得，有关主管部门提供的信用档案信息以及其他方式获得的信息须经验证查实。凡全部满足资格预审必要合格条件标准的投标申请人即为通过资格预审必要合格条件评审。

五、确定合格的投标人

完成资格预审必要合格条件评审以及核实工作后，由评审小组按照投标申请人资格预审须知规定确定合格的投标人。

××市××实业有限公司

××××年××月××日

资格预审格式文件

一、资格预审申请书封面

××花园前期物业管理招标投标资格预审申请书
招标编号：__________ （___本）
项目名称：________________________
投标申请人：______________________（盖章）
法定代表人或其委托代理人：____________（签字或盖章）
地址：___________________________
填报日期：________________________

二、资格预审申请书目录

资格预审申请目录

1. 资格预审申请书

2. 资格预审申请书附表

（1）投标申请人一般情况表

附件1　企业法人营业执照副本复印件

附件2　物业管理企业资质证书副本复印件

附件3　ISO9001：2008质量管理体系和ISO14001：2004环境管理双标体系第三方认证证书复印件

附件4　投标人在××市在管总建筑面积不低于5万米^{2}高端别墅物业服务项目和在××市在管三星级及以上酒店物业服务项目物业服务合同备案回执及星级酒店评定书复印件

附件5　投标人原件查验证明

（2）投标承诺书

（3）投标申请人经营、履约情况表

（4）项目负责人资格证书复印件

三、资格预审申请书

致（招标人或招标代理机构名称）：

1.（姓名）经授权作为代表，并以（投标申请人名称）的名义，在充分理解资格预审文件的基础上，本申请书签字人在此向你方提出资格预审申请。

2. 本申请书附下列相关文件、证书、证件、证明、合同的原件及复印件：

（1）企业法人营业执照副本。

（2）物业管理企业资质证书副本。

（3）ISO9001：2008质量管理体系和ISO14001：2004环境管理双标体系第三方认证证书。

(4) 投标人在××市在管总建筑面积不低于5万米^{2}高端别墅物业服务项目和在××市在管三星级及以上酒店物业服务项目物业服务合同备案回执及星级酒店评定书复印件。

(5) 项目负责人资格证书复印件及其他资料。

(6) 资格预审文件要求的以及投标人认为有必要提交的有关证明资料。

3. 本申请人充分理解资格预审的招标人权利及有关规定。

4. 签字人在此声明，本申请书中所提交的声明和资料在各方面都是完整、真实和准确的。

签名：

兹代表（申请人）：

申请人盖章：

签字日期：

四、拟派往本招标项目负责人情况一览表（略）

五、投标申请人经营、履约情况表（略）

六、投标申请人一般情况表（略）

七、投标承诺书（格式自定，略）

2. 组建资格审查委员会，审查与确认投标单位资格

根据《招标投标法实施条例》第十八条的规定，招标人应当组建资格审查委员会审查资格预审申请文件。资格审查委员会及其成员应当遵守《招标投标法》和本条例有关评标委员会及其成员的规定。第二十条则规定，招标人采用资格后审办法对投标人进行资格审查的，应当在开标后由评标委员会按照招标文件规定的标准和方法对投标人的资格进行审查。由此可见，在该环节实际操作中，采用招标资格预审方式的，需按照组建评标委员会的做法来组建资格审查委员会；而采用资格后审方式的物业管理招标，则由评标委员会来完成该环节的审查工作。

物业服务企业投标申请被批准后，需按要求填写“物业管理招标投标资格预审表”（见表1—4），向招标人或招标代理机构提交《物业管理招标投标资格预审申请文件》（具体内容格式可参考案例1—7），以及提交相关证明其具有履行合同能力的文件或者资料并按时送达指定地点，接受资格审查委员会审查。经审查合格后，方可参加投标。一般来说，资格审查委员会主要审查以下内容：

(1) 物业服务企业的基本情况。包括公司名称、地址、电话、传真、注册国家或地区，以及公司资质等级、公司性质（全民、合资、独资、合营等）、公司组织机构情况等。

(2) 物业服务企业拥有的资金数量。包括公司的注册资本、营业额、最近几年的财务状况等。

(3) 物业管理经验与过去的表现。

(4) 物业服务企业的管理人员及技术力量。包括主要管理人员及技术人员名单和简历，其专业素养和从业业绩，已承担的物业管理的质量水平、履约情况等。

(5) 主要负责人经历及企业背景等情况。

表 1—4　　　　物业管理招标投标资格预审表

报名项目名称：					
供应商名称			地址		
法定代表人		联系人		联系电话	
上一年营业额（万元） 附年度财务报表扫描件			注册资金		
企业规模简介					
重要历史项目列举（至少四个项目，需含项目名称、面积、人数）					
附件					
	报名单位公章： 年　月　日				

资格审查委员会要对提交资格预审申请书的法人或者其他组织做出预审结论。由于《招标投标法实施条例》第十九条规定，通过资格预审的申请人少于 3 个的，应当重新招标。因此，如果采用招标预审方式进行物业管理招标的，一般必须有 3 个以上的投标申请人通过资格预审，否则招标无效。但各地的物业管理办法有不同规定，例如《深圳经济特区物业管理条例》第七十四条规定，若住宅项目通过资格预审合格条件评审的投标申请人少于 3 家的，经区主管部门批准后，可采用协议方式选聘前期物业管理单位。因此，在该环节工作中，应当根据当地物业管理办法来具体操作和执行。

3. 发出资格预审合格通知书

经资格预审后，公开招标的招标人应当向资格预审合格的投标申请人发出《资格预审合格通知书》，告知获取招标文件的时间、地点和方法，同时向资格预审不合格的投标申请人发出《资格预审结果通知书》，告知资格预审结果。《资格预审合格通知书》及《资格预审结果通知书》的格式参考案例 1—8 和案例 1—9。

案例 1—8

资格预审合格通知书样本

资格预审合格通知书

________公司：

经我组审核，同意你公司参加________小区（大厦）的物业管理投标。请你公司按《招标书》《投标须知》的要求编制标书（共____份），密封后于____月____日____午________时前送我组。

负责人：________（联系电话：________）。

特此通知。

____小区（大厦）招（邀）标小组（代章）

________年________月________日

案例 1—9

资格预审结果通知书样本

资格预审结果通知书

________公司：

经我组审核，贵公司未能通过________小区（大厦）的物业管理招标投标资格预审，原因如下：____。

特此通知。

________小区（大厦）招（邀）标小组（代章）

____年____月____日

三、招标人接受投标工作实施细则

1. 发售招标文件，组织现场答疑

招标人对投标人进行资格审查和确认后，就要对符合条件的物业服务企业出售招标文件，收取投标保证金，并接受咨询。在进行规模较大、比较复杂的物业项目招标时，通常由招标单位的招标机构在投标人购买招标文件后，按规定的日程组织投标企业到施工现场进行察看，介绍工程情况、交底，并回答有关投标单位对招标文件、设计图纸等提出的问题，并以补充招标文件的形式书面通知所有投标企业。若规模小的项目，可以不用组织标前会议。

通常，若要组织现场答疑的，在招标文件的《投标人须知》中要注明标前会议的日期，若日期有改变，招标机构必须立即通知已购买招标文件的投标方。招标人也可在《投标人须知》中做出规定，要求投标方有关招标事项的疑问，在规定日期内用书面形式寄给招标人，以便招标人汇集研究，给出统一的解答，在这种情况下就无须召开标前会议。

2. 接收和收存投标书

参加投标的物业服务企业应在提交投标书截止日期前，将投标书密封后送达招标人公告的地点，招标人做好接收和收存投标书的工作。根据《前期物业管理招标投标管理暂行办法》第十四条规定：公开招标的物业管理项目，自招标文件发出之日起至投标人提交投标文件截止之日止，最短不得少于 20 日。因此，自招标文件发出之日起至投标人提交文件截止之日止，一般不少于 20 日。招标人或者招标代理机构应当对收到的投标文件签收备案，并妥善收存投标文件。对提交投标文件截止日期后收到的投标文件，应不予开启并退还。投标人有权要求招标人或者招标代理机构提供签收证明。投标人可以撤回、补充或者修改已提交的投标文件，但是应当在提交投标文件截止日前书面通知招标人或者招标代理机构。

（1）投标文件组成

获得资格的物业服务企业应按照招标文件的规定编写投标文件等相关文书。一般来说，物业管理投标文件应当包括投标函、投标人资格资信证明文件、投标项目方案及说明、投标价格、投标保证金或者其他形式的担保，以及招标文件要求具备的其他内容。

（2）招投标文件资料管理制度

招标人或招标代理机构应设立专门部门由专人负责接收和收存投标文件及与招标有关的文件资料，并应当制定完善的资料管理制度。接收和收存相关资料时，一律统一登记、编号、接收、保管，并向投标人出具签收凭证（其格式可参考案例 1—10），封存投标标书。

案例 1—10

投标文件收件凭证样本

投标文件收件凭证

________公司：

我组于____年____月____日收到你公司参加________小区（大厦）投标的标书一式____份。

________小区（大厦）招标小组（代章）

____年____月____日

3. 组织对投标人的业绩考察

招标人为了更全面地了解投标人的情况，应当对投标人的业绩进行考察。主要从以下 3 个方面进行考察：

（1）服务质量

为了全面了解物业服务企业的服务质量，评标委员会的评委可以通过到投标人正在管理的物业项目中，对物业服务质量加以考察，审查该投标人对房屋和设备设施的保养和检修水平、技术力量和管理人员的配备、质量管理制度、质量控制和管理措施等方面的工作情况，并据此判断投标人的实际服务能力和质量水平。

（2）人员素质

评标委员会的评委应对投标人正在管理的项目中从事物业服务的管理者、操作者进行现场考察，以此了解该物业服务企业是否拥有足够数量的具有相应专业经验的经理、工程师、培训人员、质检员、维修人员等各类配套的专业技术人才，并且观察该物业服务企业人员的业务操作流程是否规范、业务水平是否达标及敬业精神和精神风貌等方面的素质情况，以更全面了解投标人的人员素质情况。

（3）企业信誉

企业信誉的高低对于物业服务企业中标后是否毁约及能否履行合同和管理好物业项目有很大关系，所以，它成为各类物业管理评标中的一个重要的因素。

一个具有良好社会信誉的物业服务企业具有以下特征：无投诉记录，所管的物业项目被评为全国或省市物业服务示范项目和物业服务优秀项目，所管出租物业的租金和出租率高于同类物业同期水平，接管某物业项目一直没有被解聘，社会反映良好。

招标人可以通过以下途径来获取供评委判断物业服务企业信誉的资料：

1）问卷调查。在开标前，招标人到投标企业目前在管的物业服务项目，采用问卷的形式随机调查一定数量的住户，以各户答卷分汇总平均分作为投标人该项得分。问卷分项内容与招标文件中的评分办法规定的内容相一致，一般包括安全保卫、环境绿化、卫生保洁、维修维护、便民服务、服务质量、社区文化、综合评价等项内容，见表1—5。

表1—5　物业服务企业信誉调查评分标准

标准分	评分等级			
项目	差	一般	较好	很好
1. 安全保卫（15分）	5～7分	7～10分	10～13分	13～15分
2. 环境绿化（15分）	5～7分	7～10分	10～13分	13～15分
3. 卫生保洁（12分）	1～6分	6～8分	8～10分	10～12分
4. 维修维护（15分）	5～7分	7～10分	10～13分	13～15分
5. 便民服务（8分）	1～4分	4～5分	5～7分	7～8分
6. 服务质量（15分）	5～7分	7～10分	10～13分	13～15分
7. 社区文化（10分）	1～5分	5～7分	7～9分	9～10分
8. 综合评价（10分）	1～5分	5～7分	7～9分	9～10分
合计分值（100分）	24～48分	48～67分	67～87分	87～100分

2）走访相关部门。走访相关政府主管部门或机构了解物业服务企业的信誉，如房管局、物价局、工商部门、司法部门或者物业管理协会等对该企业的评价。

该环节的业绩考察结果，将为评标过程中的“技术评估”环节提供依据。

模拟实训

金悦世纪花园前期物业管理招标委员会已发布前期物业管理招标公告，并接受投标申请人报名。招标委员会的工作会议已制订了招标工作计划，其中，招标实施阶段的工作内容主要由招标委员会下设的秘书处负责。

一、编制资格预审文件和发布资格预审公告

金悦世纪花园前期物业管理招标委员会组织秘书处和技术部相关人员结合项目情况，按要求制定资格预审细则，编制资格预审文件的相关内容，并编写资格预审公告。在编制物业管理资格预审文件时，招标委员会可以参考案例1—7，结合金悦世纪花园项目的实际

情况来编写，同时编写好《金悦世纪花园前期物业管理招标投标资格预审公告》，其格式可参考案例1—6。由秘书处到区房管局办理发布物业管理招标投标资格预审公告，并按要求在指定的媒介上发布。

二、组建资格审查委员会审查与确认投标单位资格

招标委员会应在资格审查的前一天到番禺区房管局抽取评标专家，依照《招标投标法》《前期物业管理招标投标管理暂行办法》及招标文件规定组建资格审查委员会。资格审查委员会的委员由招标人代表和物业管理方面的专家组成，成员为5人以上单数，其中招标人代表以外的物业管理方面的专家不得少于成员总数的2/3；资格审查委员会的专家成员，由招标人从广州市物业服务行业专家名册中采取随机抽取的方式确定。招标人要对评标委员会成员名单予以保密。根据金悦世纪花园招标委员会的工作计划，由9人组成评标委员会，因此，资格审查委员会也应当由9人构成，其中6人为物业管理专家，从专家名册中随机抽取，其余3人为开发商的代表。

资格审查委员会的委员按照资格预审文件的相关规定，对提交资格预审申请书的法人或者其他组织进行资格审查并做出预审结论，符合条件的投标申请人方可参加投标。并且，通过资格预审的投标人应该为3人以上。

三、发出资格预审合格通知书和资格预审结果通知书

经资格预审后，招标委员会要向资格预审合格的投标申请人发出资格预审合格通知书，告知获取招标文件的时间、地点和方法，同时向资格预审不合格的投标申请人告知资格预审结果。格式参考案例1—8和案例1—9。

四、发售招标文件

金悦世纪花园招标委员会要按招标公告上规定的时间和地点，向资格预审合格的物业服务企业出售招标文件，收取投标保证金，并接受咨询。这个环节的工作主要由招标委员会的秘书处负责。

五、组织现场答疑

由于金悦世纪花园项目规模较大，招标委员会应根据招标公告规定的时间，在投标人购买招标文件后，按规定的日程组织投标企业到施工现场进行察看，介绍工程情况、交底，并回答有关投标单位对招标文件、设计图纸等提出的问题，并以补充招标文件的形式书面通知所有投标企业。

六、接收和收存投标书

招标委员会秘书处在市公证处公证员的监督下，负责做好接收和收存投标书的工作。参加投标的物业服务企业应在提交投标书截止日期前，将投标书密封后送达规定的地点。招标委员会应当对收到的投标文件签收备案，向投标人出具签收凭证（格式详见案例1—10），并封存投标书。对提交投标文件截止日期后收到的投标文件，应不予开启并退还。投标人可以撤回、补充或者修改已提交的投标文件，但是应当在提交投标文件截止日之前书面通知招标委员会。

七、组织对投标人的业绩考察

金悦世纪花园招标委员会秘书处先组织相关人员设计《物业服务项目质量调查问卷》和编制《物业服务企业信誉调查评分标准》（见表1—5），组织人员到投标企业目前在管的物业服务项目进行问卷调查，随机抽查一定数量的住户，以各户答卷分汇总平均分作为投标人该项得分。

然后，招标委员会组织评标委员会的评委通过到投标人正在管理的物业项目进行实地考察，对投标人的物业服务质量加以考评，审查该投标人对房屋和设备设施的保养和检修水平、技术力量和管理人员的配备、质量管理制度、质量控制和管理措施等方面的工作情况，并据此判断该投标人的服务质量、人员素质等情况。

最后，评标委员会的评委们通过走访房管局、物价局、工商部门、司法部门或者物业管理协会等相关政府主管部门或机构，对该企业的信誉进行了解和评价。该环节的业绩考察结果将为评标过程中的“技术评估”环节提供依据。

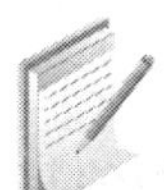

思考与练习

1. 资格预审文件一般要包含哪些内容？
2. 资格预审有哪些形式？是否所有招标都需要资格预审？它有什么好处？
3. 如何对投标人进行业绩考察？

第二章　物业管理投标

物业管理投标是物业服务企业取得项目管理权的重要途径。能否顺利取得投标项目，取决于物业服务企业的品牌、信誉，企业的经营实力、技术以及人才的配备等方面的力量。实施物业管理投标，能更加规范物业服务市场，使业主能选聘到合适的服务单位，对物业服务企业来说也是一个重要的自我提升的机会，使它们通过平等竞争开拓业务、提高企业的经营水平。

第1节　物业管理投标前期工作

学习目标

能获取物业管理投标项目信息资料；能对物业投标项目进行评估与风险防范；能根据物业投标前期的注意事项，开展前期准备工作；能根据物业投标的组织机构，模拟成立物业投标组织。

一、物业管理投标概述

1. 物业管理投标的含义

物业管理投标是指物业管理企业为开拓业务，依据物业管理招标文件的要求组织编写标书，并向招标单位递交投标书和投标文件，参加物业管理竞标，以求通过市场竞争获得物业管理项目的过程。

2. 物业管理投标人

《招标投标法》规定，投标人是响应招标、参加投标竞争的法人或者其他组织。投标人应当具备承担招标项目的能力；国家有关规定对投标人资格条件或者招标文件对投标人资格条件有规定的，投标人应当具备规定的资格条件。投标人应当按照招标文件的要求编制投标文件。投标文件应当对招标文件提出的实质性要求和条件做出响应。

物业管理投标人应具备以下条件：

（1）参与物业管理投标的应当是具有相应物业管理企业资质并具备承担招标项目能力的法人企业。

（2）物业管理企业在国内参与投标业务的，必须取得企业法人营业执照和政府行政主管部门颁发的物业管理企业资质证书，参与投标的物业服务企业必须符合招标项目所要求的资质条件。

（3）具有一定的技术、管理人员，符合招标人在招标文件中所规定的对管理业绩的条件要求。在物业管理招标投标中，招标方在招标条件中除要求投标人具备相应的物业管理企业资质，一般还会要求投标方具有管理与投标物业类似项目的经验与业绩，并对投标人的资金、管理和技术实力，投标人的商业信誉，派驻项目的负责人、管理团队的条件，物业管理服务内容和服务标准，投标书的制作、技术规范和合同条款等方面提出明确具体的要求。

两个以上法人或其他组织以联合体的方式参与投标的，各方均应具备承担招标项目的相应能力，具备规定的相应资格条件。联合体中标的，共同承担连带责任。

3. 物业管理投标程序

完整的物业管理投标过程包括获取招标项目信息、投标项目评估与风险防范、申报资格预审、取得招标文件、组建物业管理投标机构、现场勘察、编制投标书以及送达、参加开标会议及招标答辩、中标及签订委托管理合同等。对于物业服务企业应对招标而言，投标过程具体是指从填写资格预审调查表开始，到将正式投标函送达招标单位为止的全部过程。按照投标的前后工作，可以将投标过程分为两个环节（见图 2—1、图 2—2）。

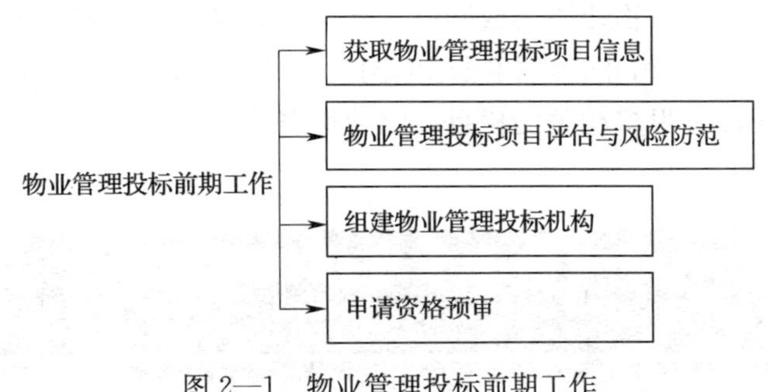

图 2—1 物业管理投标前期工作

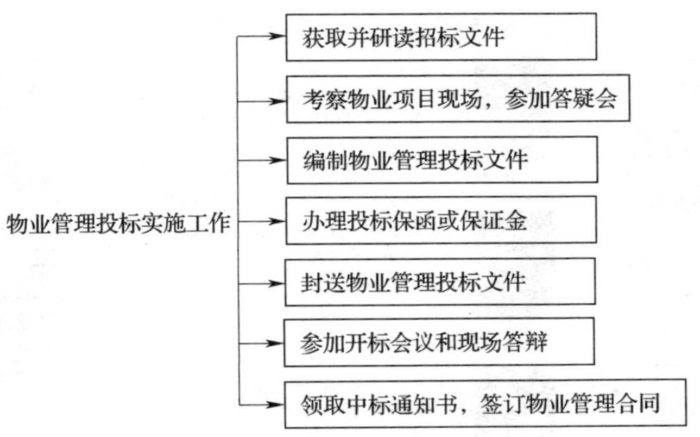

图 2—2 物业管理投标实施工作

二、物业管理投标前期工作

1. 获取物业管理招标项目信息

物业管理投标工作的首要环节是获取信息。获取信息是一项基础性工作，是物业项目拓展的第一步，是物业管理公司进行投标可行性研究必不可少的重要因素。物业管理的行业特点，决定了物业管理企业的生存必须建立在市场竞争的基础上，因此开拓市场已经成为物业管理企业的共识。物业投标信息工作主要包括信息的获取、甄选和跟踪三方面。根据招标方式的特点，投标人获取招标信息一般来自 3 个渠道：一是公共媒体上采集公开招标信息，二是来自招标方的邀请，三是同行之间的信息交流。

（1）公共媒体获取招标信息

公开招标的项目大多会选择在公共媒体上发布招标信息。常见的媒体有报纸、杂志和政府、物业协会网站等。报纸或相关杂志历来是各种招标信息公开发布的传统渠道。随着网络技术的快速发展，为适应电子商务的发展趋势，一些物业管理专业网站，比如中国物业管理协会网、中国招投标网、天津市物业管理招投标网、山东物业招标网、广东省物业管理协会网站等，与物业招标项目进行合作，开设“物业招标信息”专栏，不定期发布房地产、物业项目的招标信息，物业服务企业可以安排专人负责收集信息。同时，为了增强信息获取的及时性，可以与物业协会或网站开展合作，增强信息获取的时效性。

图 2—3 所示为天津市物业管理招投标网网页，该网站为天津市物业管理行业招投标信息的主要汇聚地，开设有很多相关的栏目，物业服务企业可以从该网站查询到招投标的相关信息。

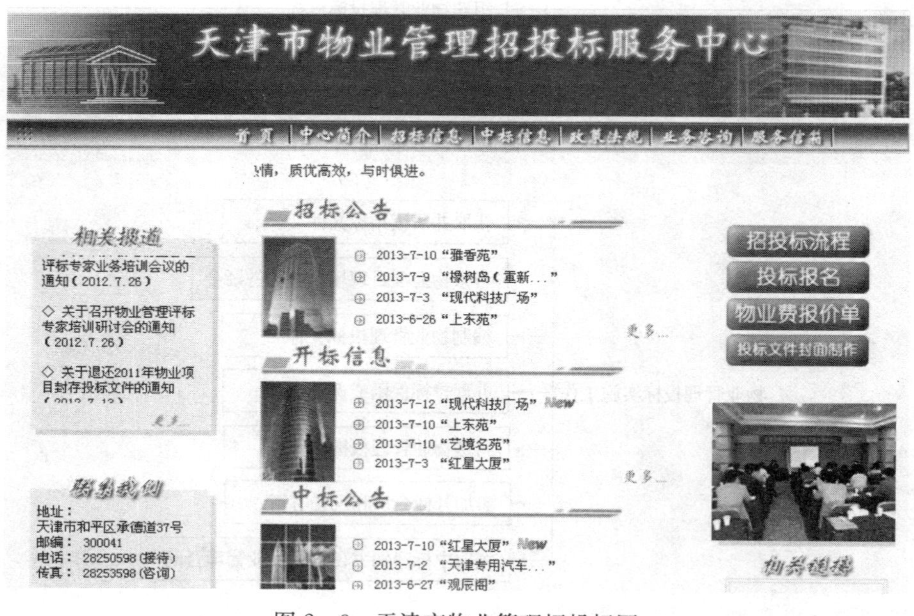

图 2—3 天津市物业管理招投标网

图 2—4 所示为山东省物业管理行业招标信息的专业网站，主要围绕物业招标项目，设有招标信息、中标公示等栏目，物业服务企业可以通过网络平台查找到适合本企业的投标项目信息。

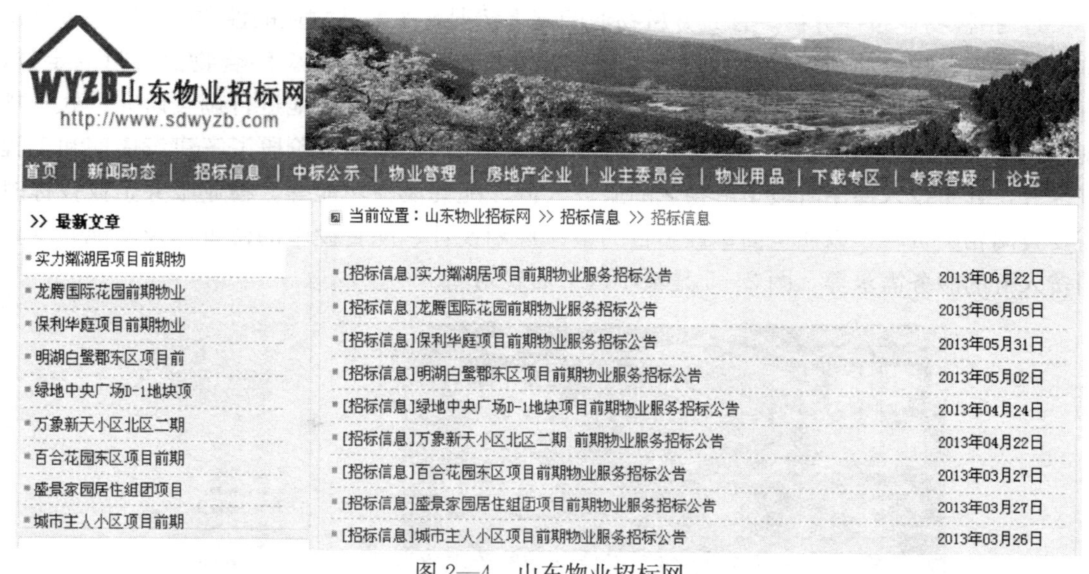

图 2—4　山东物业招标网

（2）招标方的邀请

采取邀标方式选聘物业管理企业的，以及委托招标代理机构运作招标的一些项目，会主动邀请企业参加。一些知名的品牌物业服务企业，由于有品牌感召力、优质的服务和有效的宣传，会受到招标单位的青睐，收到来自招标方的招标邀请。有些物业服务企业由于取得老客户的信任，从而获取承接后续物业或接受邀请获得信息。

（3）同行之间的信息交流

物业服务市场竞争激烈，需要对整个房地产市场进行定期的项目调查，包括在建和已经建设好的，深入各房地产开发企业及建设单位和部门，广泛联系收集信息，获取招标项目信息，同时也可以通过业务往来的单位和个人介绍，获取信息。

物业服务企业收集到信息后，需要对信息进行收集、整理和甄别。根据项目信息资料的重要性、类别进行分门别类，以便于投标工作人员使用，由此归集的最有价值的信息将为物业服务投标的可行性研究提供分析基础。

2. 物业管理投标项目评估与风险防范

取得招标项目信息后，物业服务企业应该组织物业投标小组成员，对信息资料进行整理、分析和筛选，进行项目评估，预测投标项目的中标概率和存在的风险，对投标活动进行组织策划，并制定相应的投标策略和风险防范控制措施，以提高中标的可能性，降低中标后实现利润的风险。

（1）物业管理投标项目评估

物业投标方对项目的评估，需要在调查、研究资料的基础上对投标物业项目进行分析、预测和评定，考虑投标人履行约定的状况及资金来源的可靠性，确定是否参与投标。需要对投标项目深入调查和进行技术、经济论证，确定正确的投标策略及服务方案。项目的评估包括以下 3 个方面：

1）招标物业条件分析。首先分析物业的基本情况，主要从物业的性质、类型及整体定位入手，掌握物业的规划设计、投资规模、配套设施等具体情况。结合物业项目的定位，有针对性地实施投标策略；结合物业项目的开发进度，有针对性地进行调查研究。处于规划设计阶段了解物业的规划、投资建造方案等，例如，处于施工阶段了解建设周期和工程进度等，处于投入使用阶段了解物业的服务人群、配套设施功能等。物业服务企业投标时需要查阅相关资料，以便全面掌握项目的整体规划设计、配套设施的位置以及功能、主要消费人群的服务需求等。图 2—5 是某小区平面规划图。

图 2—5 某小区平面规划

由于物业项目的不同性质，所要求的服务内容不同、所需的技术力量不同，物业服务企业的相对优劣势也差异明显。例如，对于住宅小区的物业管理，在管理上就要求增强住宅功能，搞好小区设施配套，营造出优美的生活环境。对于写字楼，其管理重点则放在了“安全、舒适、快捷”上，故其管理内容应侧重于加强监控系统、通信网络及生活服务设施等方面。

其次分析该项目的服务要求。从物业招标项目的业主入手，认真分析招标文件的相关内容，了解该项目的具体服务要求，特别是是否存在特殊的技术服务要求，预计企业本身的服务实力和技术力量，采取相应的服务措施、制定可行的服务方案或寻找分包伙伴等。物业服务企业必须认真对待，优化投标方案，反之则应放弃竞标。

此外，物业服务企业还应研究物业的建设单位、产权情况及物业使用人的基本情况，了解招标方的招标诚意以及履行合同的能力。从物业的不同阶段开展分析，属于新建物业的，掌握建设单位的资金实力、技术力量及企业信誉等，因为物业的质量取决于开发商的

第二章

设计、施工质量，故应尽量选择信誉较好、易于协调的开发商所开发的物业；属于重新选聘物业服务企业的，需调查物业的使用情况、服务过程及产权的情况等，了解该项目是否需要合作经营等。

分析项目的基本情况后，根据企业自身的物业服务经验、配备的技术资源和专业人才状况，分析本企业参与该项目投标的可行性，确定是否参与投标。

2）潜在投标竞争者分析。根据招标项目的性质，预测投标潜在的竞争者形式，了解竞争对手的规模、数量和企业的综合实力情况。分析本次投标的竞争对手的基本情况，包括对方的服务优势、技术实力情况、管理服务经营等，是否与招标单位存在背景联系，竞争对手在项目上是否存在绝对优势，竞争对手可能采取的投标策略和服务方式等，分析潜在竞争者参与投标的积极性。

3）本企业投标条件分析。对企业自身的投标条件分析包括：从企业自身管理经验考虑，本次招标项目是否存在物业服务经验、竞争优势及技术经验支持等，是否符合企业自身的发展规划和市场定位，项目的风险控制是够在企业的承受范围内；其次是从服务成本角度考虑本项目的社会效益及盈利效益，企业是否存在技术、服务、价格、物资供应、设备管理等方面的优势；再次从服务技术角度考虑，是否具有熟练和经验丰富的管理人员，能否利用高新技术提供高品质服务或特殊服务。

（2）物业管理投标风险防范

对招标方、招标物业基本情况和竞争对手要进行深入细致的调查和正确评估，预测并降低投标的风险。物业管理投标风险主要来自以下 3 个方面：

1）招标方和招标物业的风险。招标方提出的特殊服务要求、未告知的投标风险等，建设单位可能出现的延迟交付物业的各种情况，招标方与其他投标人存在关联交易等。

2）投标人的风险。未对项目进行系统的评估与风险的预测；盲目做出超越自身服务能力的服务方案，盲目做出服务承诺；投标价格测算不合理造成经营亏本；项目负责人现场答辩出现失误；投标资料（如物业管理方案、报价等）泄露；投标人采取不正当的手段参与竞争；未按要求制作投标文件或送达投标文件造成废标等。

3）竞争对手的风险。采取低于成本竞争、欺诈、行贿等不正当的竞争手段，具备相关背景或综合竞争的绝对优势，窃取他人的投标资料和商业秘密等。

为了减少投标风险，物业投标企业要严格按照相关法律法规的要求参与投标活动，对项目进行科学合理的分析、评估，周密策划、组织、实施投标活动。完善企业自身的管理，选择信誉良好的招标方和手续完备、盈利优势明显的物业。充分考虑企业的承受能力，制定可行的物业管理方案，选择经验丰富的项目负责人，慎重对待合同的附加条款和招标方的特殊要求等。

3. 组建物业管理投标机构

不同规模的物业服务企业，根据企业自身的组织架构，招标工作的负责制有所不同。大型物业管理企业的开发部一般都实行项目经理负责制，以项目小组为单位，分管具体项目的投标工作以及中标后的合同签订工作；中小型的物业管理企业则大多由经理亲自对各项目的投标工作负责。大型专业的物业服务企业，一般设置有市场开拓部、对外拓展部或开发部等，主要负责物业市场开拓新项目、物业服务企业项目经营、物业招投标组织实施等，由专门的人员收集投标信息，物业管理企业在获得投标信息后，即可按企业的拓展计划确定投标意向，相应成立投标工作领导组，负责实施投标的整个过程。中小型的物业服务企业，在未设立专门投标部门的情况下，一般在收集到招标信息后，才调集人员成立专门的投标小组，负责投标工作。实践证明，投标单位成立一个高效的投标工作小组，对投标顺利实施非常重要。

根据招标物业项目的情况选择企业骨干力量组成投标小组，投标小组成员的选择、配备，尤其是项目负责人的选择是确保投标活动质量和效率的基础。投标小组的工作人员由各部门工作精英组成，包括：

（1）经营决策管理的人才。掌握丰富的经营管理、组织决策等相关经验。

（2）财务、金融、法律等专业技术人员。准确把握投标报价，具备投资决策、商务谈判及合同实施等相关经验。

（3）工程技术专业人员。负责工程预算，房屋、设备及公共设施的管理、维修和保养，具备工程技术方面的咨询和研究工作等相关经验。

4. 申请资格预审

公开招标的招标人可以根据招标文件的规定，对投标申请人进行资格预审。实行投标资格预审的物业管理项目，招标人应当在招标公告或者投标邀请书中载明资格预审的条件和获取资格预审文件的办法。资格预审文件一般应当包括资格预审申请书格式、申请人须知，以及需要投标申请人提供的企业资格文件、业绩、技术装备、财务状况和拟派出的项目负责人与主要管理人员的简历、业绩等证明材料。

对该项目有投标参与意愿的物业服务企业，只要按资格预审文件的要求如实填写各种调查表格并提交全部所需材料，均可参加投标的前期资格预审。在不泄露商业秘密的前提下，投标人应向招标人如实提交能证明上述资质和业绩情况的法定证明文件和填写完毕的相应系列表格。经资格预审后，公开招标的招标人应当向资格预审合格的投标申请人发出资格预审合格通知书，告知获取招标文件的时间、地点和方法，同时向不合格的投标申请人告知资格预审结果。

三、物业管理投标实施工作

1. 获取并研读招标文件

对于公开招标的项目，参加投标的物业服务企业通过资格预审取得投标资格并决定参加该项目投标后，就进入正式的投标阶段。物业服务企业首先必须按照招标公告中规定的时间、地点，携带购买招标文件所需要的企业相关证明材料，向招标单位购买招标文件，获得招标文件后进行详细的阅读和分析。图 2—6 所示为天津市一个小区的前期物业管理招标公告，列有详细的投标步骤说明和具体的要求。

2013-7-10 金隅（天津）房地产开发有限公司“雅香苑”招标公告

“雅香苑”前期物业管理招标公告

“雅香苑”住宅物业项目，由金隅（天津）房地产开发有限公司开发建设，根据有关规定，并经天津市国土资源和房屋管理局物业管理处备案，现通过公开招标的方式选聘前期物业服务企业。

一、招标项目基本情况

1、本项目的业态类型为：住宅

2、本项目坐落地址：天津市东丽区归航路与惠山道交口处东北侧

3、本项目的物业管理区域四至范围：东至跃进北路，南至5000m²市内综合健身馆用地、5130m²幼儿园用地、B3商业金融业地块，西至归航路、5000m²市内综合健身馆用地、5130m²幼儿园用地，北至进航道

4、本项目总用地面积：23457.6m²

图 2—6　前期物业管理招标公告

获取招标文件后，应详细阅读文件内容，充分掌握招标文件中的各项要求，力求分析透彻，避免出现误解招标文件的内容，造成不必要的损失。在阅读过程中，若发现含糊不清或说不清楚的，应做好相关记录，并向招标单位确认投标书中不清楚事项，通过答疑会或其他方式要求招标方进行回复。

仔细研读招标文件三方面的内容：研究招标方招标文件的条款内容，研究评标办法，研究合同条款的详细规定。对招标文件中的各项规定，比如物业服务项目的规划设计方案、招标文件有关时间的规定、投标保证书、报价范围、管理服务标准等内容要仔细研究。

2. 考察物业项目现场，参加答疑会

招标人根据物业管理项目的具体情况，可以组织潜在的投标申请人踏勘物业项目现场，并提供隐蔽工程图纸等详细资料，投标人对照图纸、设计说明书及招标文件有关内容进行仔细分析，从而为后续的管理方案的构想奠定基础。招标单位应对投标申请人提出的疑问予以澄清，并以书面形式发送给所有的招标文件接收人。只有在投标者以书面形式提出问题并由招标人做出书面答复时，才能产生法律约束力。

（1）考察物业现场

业主在发售招标文件后的一定时间，一般都会组织投标人对现场及其周围环境进行一次考察，以便使投标人自行查明或核实有关编制投标文件所必需的一切资料。

投标人应对现场物业进行详细的踏勘，查勘现场物业与投标报价是否存在外在风险条件。具体包括以下方面：

1）建筑及周边情况。物业建筑及安装施工进度（新建物业），物业当前使用情况及陈旧老化程度（旧有物业）；物业配套设施设备及其分布情况；周边道路交通及停车场情况；园林绿化及环境标识情况；内部公共使用区域及通道分布情况；物业管理用房等。

2）主要业主情况。包括客户定位、主要服务要求与所需特殊服务、物业服务费的承受

能力等。这些情况可由投标人自行安排人员进行调查。

3）物业相关情况。物业所在地的气候条件、经济环境、人文环境、消费需求和市场变化情况以及与物业管理相关的政策法规等。

把在阅读招标文件与考察现场过程中发现的疑问、需要业主或设计单位澄清与明确的问题进行归纳、汇总，按照规定的时间以书面形式提交给业主，寻求业主的澄清与答复，以便更好地编制标书。

（2）参加答疑会

参加由物业招标方组织的标前会议。标前会议（即投标预备会议）的目的是澄清并解答投标人在阅读招标文件和现场考察中可能提出的任何方面的问题。物业招标方在标前会议上会对招标文件做出一些补充说明、修正错误或者对投标文件有进一步的具体要求，并且会与设计单位或有关单位一起对各投标单位提出的疑问做出初步答复。会后，物业招标方会对标前会上的内容以补遗书和答疑书的形式发给各投标单位。补遗书、答疑书和其他正式有效函件，均是招标文件的组成部分，与招标文件的其他内容具有等同的地位，其内容、要求必须完全、切实地贯彻到编制标书的整个过程中。

3. 编制物业管理投标文件

编制标书要根据招标文件的要求进行，在透彻掌握招标文件内容和进行细致深入的市场调查基础上，确定管理项目的整体思路，根据招标文件中的物业情况和管理服务范围、要求，详细列出完成所要求管理服务任务的方法及工作量。严格按照招标文件的要求编制投标文件，并对招标文件提出的实质性要求和条件做出响应。根据招标物业性质及所要求的服务内容，制定和规划管理服务内容及工作量，制定物业管理方案。

物业管理投标文件又称标书，一般由投标函、投标报价表、资格证明文件、物业服务方案、招标文件要求提供的其他材料等部分组成。投标单位在做出投标报价决策之后，就应组织编写人员分工合作，按照招标文件中的各项要求编制标书。其中物业服务方案是投标书的关键，物业服务方案主要包括以下方面的内容：投标企业的概况和经验，招标物业的管理特点，质量管理目标和采用的管理方式，管理服务内容、物资装备计划、专业人员配备、各项管理规章制度；经费收支预算，经营服务的创新。

4. 办理投标保函或保证金

由于投标者一旦中标就必须履行受标的义务，为防止投标单位违约给招标单位带来经济上的损失，在投递物业管理投标书时，招标单位通常要求投标单位出具一定金额和期限的保证文件，以确保在投标单位中标后不能履约时，招标单位可通过出具保函的银行，用保证金额的全部或部分为投标单位赔偿经济损失。投标保函通常由投标单位开户银行或其主管部门出具。

（1）投标保函所承担的主要担保责任

1）投标人在投标有效期内不得撤回标书及投标保函。

2）投标人被通知中标后必须按通知书规定的时间前往物业所在地签约。

3）在签约后的一定时间内，投标人必须提供履约保函或履约保证金。

如果投标人违反上述任何一条规定，招标人就有权没收投标保函，并向银行索赔其担保金额。若投标人没有中标或没有任何违约行为，招标人应在通知投标无效或未中标，或在投标单位履约之后，及时将投标保函退还给投标人，并相应解除银行的担保责任。

（2）办理投标保函的程序

1）向银行提交标书中的有关资料，包括投标人须知，保函条款、格式及法律条款等。

2）填写要求开具保函申请书及其他申请所要求填写的表格，按银行提供的格式一式三份。

3）提交详细材料，说明物业管理服务量及预定合同期限。

投标保函的主要内容包括担保人、被担保人、受益人、担保事由、担保金额、担保货币、担保责任、索偿条件等。保函的有效期限通常在《投标人须知》中有规定，超过保函规定的有效期限，或在有效期内招标人因故宣布本次招标作废，投标保函自动失效。有效期满后，投标人应将投标保函退还银行注销。

除办理投标保函外，投标方还可以保证金的形式提供违约担保。此时，投标方保证金将作为投标文件的组成部分之一。投标方应将保证金于投标截止之日前交至招标机构指定处。投标保证金可以银行支票或现金形式提交，保证金额依据招标文件的规定确定。未按规定提交投标保证金的投标，将被视为无效投标。

中标的投标方的保证金，在中标方签订合同并履约后 5 日内予以退还；未中标的投标方的保证金，在定标后 5 日内予以退还。二者均不用支付利息。

5. 封送物业投标文件

投标文件全部编制好以后，投标人就可派专人或通过邮寄将标书投送给招标人。封送标书的一般惯例是，投标人应将所有投标文件按照招标文件的要求准备正本和副本（通常正本 1 份，副本 2 份），分别包装封印，封套上写明送交地址、收件人、投标编号、物业名称等，法定代表人签字并盖投标单位公章，如图 2—7 所示。在递送招标书的时候，都要求在信封的背面封口处贴上封条，并盖上企业的公章。

图 2—7　某项目封送的投标书

标书的正本及每一份副本应分别包装，而且都必须用内外两层封套分别包装与密封，密封后打上“正本”或“副本”的印记（一旦正本和副本有差异，以正本为准），两层封套上均应按投标邀请书的规定写明投递地址及收件人，并注明投标文件的编号、物业名称、

"在某日某时（指开标日期）之前不要启封"等。内层封套是用于原封退还投标文件的，因此应写明投标人的地址和名称。若是外层信封上未按上述规定密封及做标记，则招标方的工作人员对于把投标文件放错地方或过早启封概不负责。由于上述原因被过早启封的标书，招标人将予拒绝并退还投标人。

所有投标文件都必须按招标人在投标邀请书中规定的投标截止时间之前送至招标人。招标人将拒绝在投标截止时间后收到的投标文件。

6. 参加开标会议和现场答辩

投标人在接到开标通知后在规定的时间到达开标地点参加开标会议和现场答辩，并接受评标委员会的审核。物业管理投标答辩是招投标过程中为人们所关注的焦点。通过投标答辩，使评委和业主代表能充分了解投标企业所制作投标书的内容，从而展示该物业管理企业的实力，同时投标企业回答问题的技巧不但能减少或消除会议的枯燥感，而且能体现出其管理人员的水平。

参与开标应选择经验丰富、性格沉稳、对项目情况熟悉的答辩人。在开标前应对答辩人员进行模拟演练，使其正确把握招标文件的要点、投标文件的重点内容，增强对项目的熟悉程度等，对重点问题、难点问题、普遍性的问题一一准备答辩要点。开标前，答辩人员应该保持良好的精神状态。在正式开标时，一般要求在规定的时间内完整地将标书主要内容、特点作一概要性介绍，答辩人员应当围绕招标方和评委普遍关注的问题进行集中阐述，突出重点，讲透难点，特色鲜明，从而体现投标企业的信心和实力，感染并打动招标方和评委。在现场发挥时要果断、明确，避免匆忙回答或含糊其词。

7. 领取中标通知书，签订物业管理合同

物业招标方应当按照招标文件的要求，在投标有效时间截止前确定中标单位，并书面通知中标单位，同时将中标结果告知所有未中标的投标单位。

投标人在收到中标通知书后，应在规定的时间内及时与招标人签订物业管理服务合同。合同签订后才标志着中标单位取得了对该物业的物业管理权。投标方可根据项目的进展情况，同招标单位协商解决进驻物业区域、实施前期物业管理的有关问题。

模拟实训

金悦世纪花园项目通过物业管理协会公开发布项目招标消息，广州市宜居物业服务有限公司（以下简称宜居公司）了解到该信息后，准备参与本项目的公开招标，将任务布置给公司的市场开拓部，要求人员全力以赴做好投标准备，积极取得项目的管理权。

一、收集物业招标信息

宜居公司为了开拓市场，要求公司的市场开拓部查找目前市场上物业的招标信息，部门负责人拿到该任务后，将查找招标物业信息的任务交给实习生，实习生在互联网上浏览各大物业协会网站的时候，查找到了物业项目的招标信息。以下是通过公共媒体收集物业招标信息的过程，以登录广州市物业管理协会网站查找信息的过程为例。

第一步：查找广州市物业管理协会网址并登录，查找物业招标信息。

第二步：阅读并统计招标信息，填入表2—1。

表2—1　　物业管理招标信息一览表

信息	项目一	……	……
招标单位	××房地产开发有限公司		
项目名称	××花园三期工程		
招标地址	××市××区××街迎宾路		
招标项目基本情况	该项目位于××市××区，占地面积为××等内容		
招标项目具体内容	××花园三期工程物业公共场地、公共配套设施设备、治安、绿化、清洁卫生等维护和管理内容		
合同年限	三年		
报名时间	自公告之日起至××时截止		
资格预审	自公告之日起至××时截止		
招标文件获取办法	携带投标申请人公司营业执照副本、物业管理企业资质证书的复印件到以上招标地址报名以及领取招标文件等内容		
投标截止时间	××××年××月××日下午××时前		
开标时间地点	××××年××月××日下午××时在××地方		
申请人需具备条件	必须持有年检合格的法人营业执照等		
报名提供材料	投标报名申请表等		
投标资格审核及确定	提供资料的真实性等		
投标书要求	标书一式五份等		
招标联系人	李××，电话××		

二、投标竞争者分析

在协会网站的众多招标项目中，将收集到的招标信息通过各项目的投标信息统计及评估后，整理交给经理进行决策。经理通过项目的评估，发现金悦世纪花园项目适合企业的发展要求，可以作为投标对象。在进一步对该项目进行评估和风险预测后，表明该项目是目前宜居物业企业投标的可行对象，经理要求实习生结合目前市场上存在的竞争者，对企业投标中潜在投标竞争者进行分析。表 2—2 中将本企业和竞争者进行了详细的竞争项目分析。

表 2—2 投标项目潜在竞争者分析

项目	本公司	竞争者 1：××公司	……	……
资质等级	一级	二级		
在管项目类型	商业、住宅物业等	住宅、写字楼物业等		
专业人员数量	500 人，其中高级××人，中级××人	300 人，其中高级××人，中级××人		
管理经验	10 年	8 年		
公司所在地	××市	××市		
投标积极性	高	高		
……	……	……		
总结	优势：经验丰富等 劣势：外地企业等	优势：专业人员多等 劣势：公司相关经验少		

第二章

三、成立物业投标组织

经理对物业招标项目进行评估和风险预测后，决定参与此项目的投标，实习生负责协助经理召集通知投标小组成员，由宜居物业企业市场开拓部牵头，组织成立金悦世纪花园项目投标小组，其架构如图 2—8 所示。

结合金悦世纪花园项目投标小组人员的岗位，投标小组成员的岗位职责与分工如下：

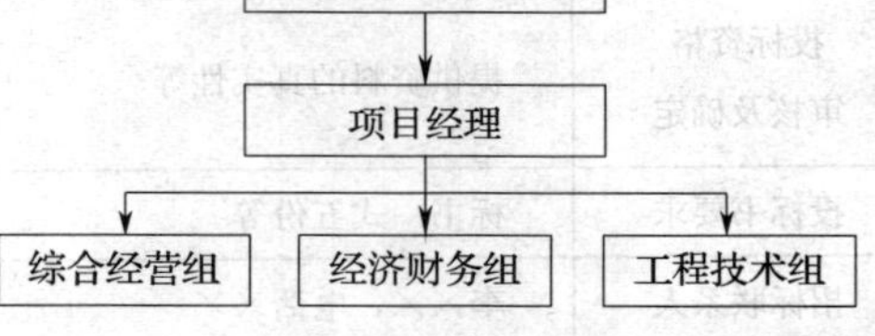

图 2—8 金悦世纪花园项目投标小组组织架构

1. 市场开拓部总经理

负责企业对外物业市场开拓新项目、项目经营、物业招投标组织等的决策。

2. 项目经理

投标项目总决策人，统筹整个项目的全过程，负责各小组人员分工与任务分配，对投标过程进行全程的监控和协调。

3. 综合经营组

由企业选拔具有经营管理决策经验的专业人才组成，熟悉物业管理相关法律法规知识，具有较强的社会活动和分析能力、较强的文书编写能力和决策能力，负责项目调查、统计分析、编制标书、物业服务方案企划等工作，统筹投标项目实战全过程。

4. 经济财务组

由企业选拔熟练掌握财会、金融、贸易、法律等专业知识的人才组成，能正确地预测项目的成本，在决策时负责预算投标报价，负责投资决策、商务谈判及合同实施等相关工作。

5. 工程技术组

由企业选拔熟悉工程造价的人才组成，专门负责工程预算，负责房屋、设备及公共设施的管理、维修和保养，以及负责工程技术方面的咨询和研究工作。

思考与练习

1. 如何获取物业招标信息？
2. 在物业投标前期工作中，如何对物业招标项目进行项目评估与风险防范？
3. 考察物业项目现场应注意哪些方面？
4. 简述物业管理投标程序。

第2节　物业管理投标书编制

学习目标

掌握物业管理投标的一般程序，掌握物业投标书的基本知识；能讲出物业投标书的主要内容与构成；能根据物业管理投标报价的策略，测算物业管理服务费报价；能根据物业管理投标书的编写技巧，模拟编制物业投标书；掌握各类型物业管理投标书的基本框架。

一、物业管理投标书概述

物业管理投标书是指物业服务企业为了取得目标物业的管理权，根据招标文件和相关法律法规，在充分领会招标文件的内容，并经过认真考察和研究之后，根据物业招标单位要求向招标单位递送的物业管理投标书面文件。

物业管理投标书是对招标文件的响应，投标单位应在其中提出具体的投标方案、项目报价、投标方的各种有利条件，争取中标。物业管理投标书是对投标公司前述准备工作的总结，是投标公司的投标意图、报价策略与目标的集中体现，其编制质量的优劣将直接影响投标竞争的成败。物业服务企业编制的物业投标书必须与招标单位的招标文件相对应，投标文件必须符合招标文件的相关要求，充分体现招标方的管理设想和服务理念。物业服务企业应精密计算、合理报价，将先进的管理技术和优质的服务在标书中充分体现。在正式开标之前，投标书应该严格保密。

二、物业管理投标书的主要内容及编写技巧

物业管理投标书应提交的材料，包括招标文件中所规定的全部文件。一份完整的物业管理投标书，包括封面、投标致函、正文、附件 4 部分内容。其中正文部分可分为商务部分和技术部分，物业管理投标书应包括的内容有投标函、投标报价、物业服务方案、招标文件要求提供的其他材料。

1. 封面

物业管理投标书的封面，一般要写上“投标书”“服务方案”“竞标方案”“计划书”“意向书”等，同时标注投标人、法定代表人和投标日期等信息，图 2—9 为某项目物业管理投标书的封面样式。

图 2—9 某项目物业管理投标书封面

2. 投标致函

投标致函实际上就是投标者的正式报价信，参见案例 2—1，主要包括以下 7 个方面：

（1）表明投标者完全愿意按招标文件中的规定承担物业服务任务，并写明自己的总报价金额。

（2）表明投标者接受该物业整个合同委托服务期限。

（3）表明本投标如被接受，投标者愿意按招标文件规定金额提供履约保证金。

（4）说明投标报价的有效期。

（5）表明投标者愿意提交投标保证金，并在投标有效期内不撤回标书。

（6）表明本投标书连同招标者的书面接受通知均具有法律约束力。

（7）表明对招标者接受其他投标的理解。

案例 2—1

××项目投标函范本

××项目投标函

致：____________________（招标方名称）

根据贵公司关于________（项目名称）物业管理的招投标项目的邀请，我公司________（投标方名称）正式授权________为代表（全名，职务）代表我方进行有关投标的一切事宜，提交下述文件物业服务投标文件正本____份，副本____份。

据此函，签字代表宣布同意如下：

（1）根据招标文件、图纸、答疑纪要和其他相关文件的要求和物业现场查验结果，结合招标文件中物业服务项目要求，考虑本企业自身的实力及特点，我公司愿以________元人民币，物业服务费标准为每月每米^{2}建筑面积________元人民币的报价投标（详见投标报价表）。

（2）我公司根据招标文件的规定，严格履行合同的责任和义务，并按要求提供相应的物业服务。

（3）我公司已详细阅读全部招标文件、参考资料及有关附件，我们完全理解并同意放弃对任何方面提出含糊意见及误解的权利。

（4）我公司承诺投标文件夹中的一切资料、数据是真实的，并承担由此引起的一切责任。

（5）如果在规定的开标时间内撤回投标文件，保证金将不要求贵方退回。

（6）同意按照贵方要求提供与投标有关的一切数据或资料。

（7）如在投标过程中有任何不正当的商业行为，或采取任何方式向招标人施加压力与干扰，同意取消投标资格。

（8）我公司严格按照《投标须知》履行应尽义务，遵守招投标纪律。

（9）与本投标有关的信函请寄至：________________________

邮编：____________电话：____________收件人：____________

投标代表人：____________________（公章）

日期：________年________月________日

3. 标书正文

物业管理投标书正文的内容，除需要回答招标文件中要求投标单位回答的问题外，最主要的内容是介绍物业管理要点和物业管理服务内容、服务形式和费用。不同类型的物业由于其性质不一样，不同招标项目的要求也不一样，标书的内容也要求体现差异性。物业管理标书的编制要根据目标项目的特点，有针对性地从物业的特点和管理上编制有特色的服务方案。物业管理标书正文一般包括以下方面的内容：

（1）前言

前言一般需要介绍本企业的概况和经历，包括企业的经营历程、公司现有的规模和企业的人数、层次以及公司的资质等级，企业的主要服务对象、经营效果以及获奖经历等，拥有的各类物业服务经验和成果，并介绍主要负责人的专业、物业服务经历和经验。其次介绍对目标物业的服务设想和理念，简述中标后的服务方案和服务内容、采取的服务方法和手段，以及预期达到的管理效果。

1）物业服务总体设想与承诺。物业服务总体设想与承诺首先要对目标物业进行详细的分析，主要包括投标物业的地理位置、建筑组成与结构、功能用途、市政与公用设施设备、目标客户群体、客户需求分析等内容，重点指出该物业的特点以及接管后的服务重点、难点，结合不同类型的物业特点，分析业主对物业服务的期望，提出对目标物业的整体服务设想。下面以接管高层物业和住宅小区为例进行比较分析。

①接管高层物业。高层住宅相对于普通住宅小区而言，其特点是建筑规模大、机电设备多、住户集中，居住人员的素质也相应较高。因此，这类物业管理的重点应放在机电设备管理、保卫治安管理、卫生清洁管理、保养维护等服务项目的特殊要求。

②接管住宅小区。舒适便捷是小区业主最起码的要求，高档次的优质服务则是其更高的享受追求，因此其物业管理应当突出环境管理、卫生绿化管理、治安管理、市政设施管理，以及便利服务等服务项目的特殊要求。

以上是针对各类型物业列举其物业管理中普遍的重点和难点，但在具体编写投标书时，投标公司应针对物业具体性质与业主情况，就最突出的问题作详细分析。

2）物业服务模式与组织架构。

①物业服务模式。准确、操作性强的物业服务模式是物业服务顺利进行的基础和保证。物业投标人需要根据目标物业的特点、类型以及相对应的业主需求、企业自身的服务经验及管理能力，采取适合该目标物业的服务模式。

②内部组织架构。高效能的组织架构，是物业服务企业顺利开展工作的基本保证。内部组织架构的设计，主要是指目标物业服务企业的组织架构。物业服务机构的设置，应该根据目标物业的管理规模、管理幅度以及业主的需求来合理设计。根据目标物业的基本情况，物业服务企业一般的组织架构包括直线型、直线职能型。

根据物业的特点，设计可行性高的组织架构，如图 2—10 所示。结合物业服务机构的特点，一般最高设置物业总经理，下设总经理助理，根据服务项目的大小，下设副总经理。结合物业服务项目的类型，一般开设安全管理部（负责门岗、巡逻与消防工作）、物业环境部（负责园林绿化以及保洁卫生工作）、工程维修部（负责房屋、设施设备的维修与保养工作）、物业客服部（负责业主的接待、投诉等工作）、物业财务部（负责收取物业费、停车费等）等，不同类型的物业，由于其服务的对象、服务内容和要求具有差异性，因此设计内部组织架构的时候，应根据目标物业的基本情况开设，以确保服务的有效性。

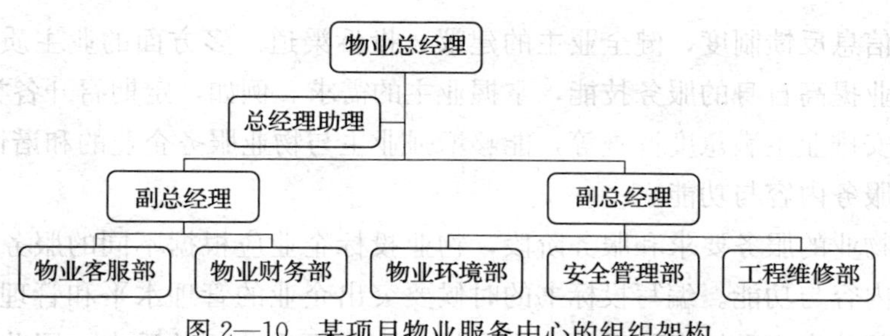

图 2—10 某项目物业服务中心的组织架构

3）物业服务流程与信息反馈。物业服务企业一般采用 ISO9001 质量管理体系，各部门的服务流程严格按照各种规章制度及作业指导书操作。只有各项工作程序化、规范化，才能对服务质量进行严格的监控，对物业服务人员进行服务质量的评定。根据设计的物业服务组织架构，设计各部门工作流程、各岗位的工作职责。某公司物业服务工程部维修流程如图 2—11 所示，物业投诉处理流程如图 2—12 所示。

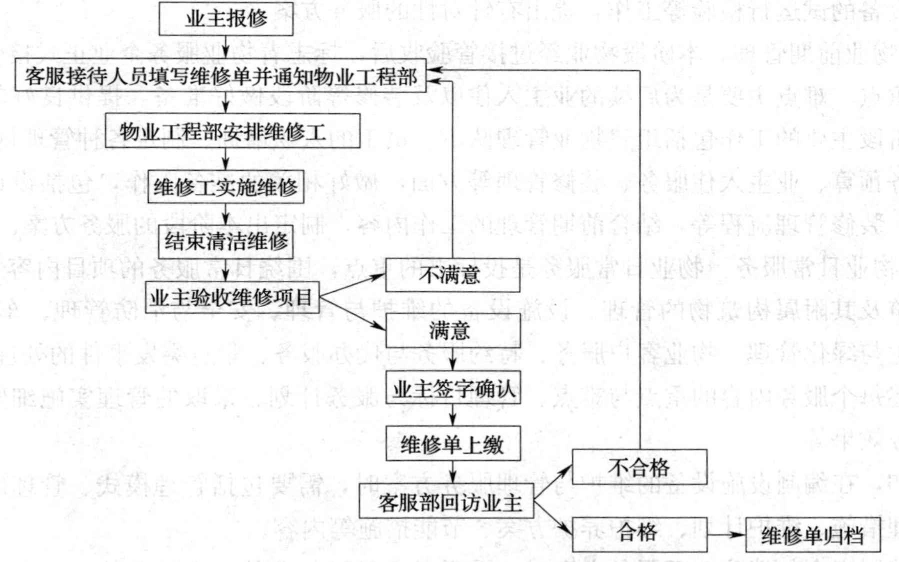

图 2—11 某公司物业工程部维修流程

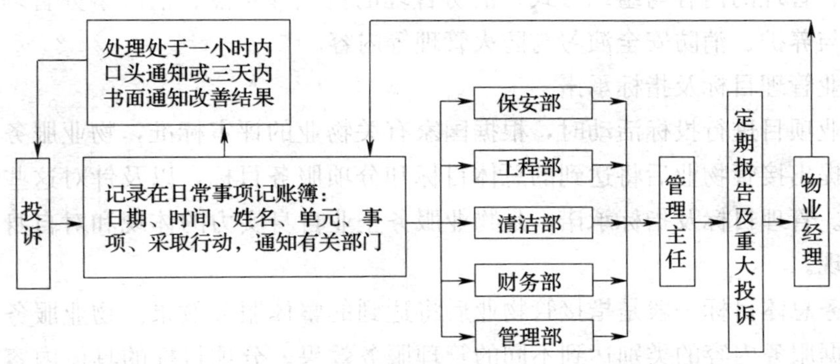

图 2—12 某公司物业投诉处理流程

建立客户信息反馈制度，健全业主的建议、投诉渠道。多方面的业主质量反馈，能帮助物业服务企业提高自身的服务技能，掌握业主的需求。例如，定期召开各类业主座谈会，每季度或每年安排业主满意度调查等，能够增强业主与物业服务企业的和谐性。

（2）物业服务内容与功能

结合目标物业的服务要求和服务阶段，物业投标企业应根据不同的服务阶段，详细介绍企业的服务内容与功能。编写投标书的时候要突出企业的管理水平和管理质量、采取的服务方式，本部分内容是标书的重点，也是招标人和评委分析的重点。因此，物业投标企业应仔细认真，周全设计，做好每个阶段的服务方案设计。

1）物业早期介入。本阶段主要是物业处于开发设计、施工、销售阶段，物业管理的重点和难点应结合建筑施工设计，提出有利于后期物业服务的优化建议，包括对物业的建筑、图纸设计提出专业的物业服务意见，从业主的使用和居住角度，从设施设备的选型和设备的保养、维护方面提出专业化的意见，对竣工验收、接管验收严格把关，做好资料的交接和设施设备的试运行检验等工作，提出有针对性的服务方案。

2）物业前期管理。本阶段物业经过接管验收后，标志着物业服务企业正式接管，物业管理的重点、难点主要是为后续的业主入住以及装修等阶段做好准备，提供良好的物业服务。本阶段主要的工作包括组建物业管理队伍、员工的入职培训、制定各种管理规章制度、物业财务预算、业主入住服务、装修管理等方面，做好相关的准备工作，包括设计入住服务流程、装修管理流程等，结合前期管理的工作内容，制定出本阶段的服务方案。

3）物业日常服务。物业日常服务是投标书的重点，围绕日常服务的项目内容主要包括房屋建筑及其附属构筑物的管理、设施设备的维护与管理、安全与消防管理、车辆管理、环境卫生与绿化管理、物业客户服务、特约服务与代办服务、紧急突发事件的处理等方面。详细描述每个服务内容的重点与难点、管理目标与服务计划、采取的管理实施细则以及达到的服务效果等。

例如，在编制设施设备的维护与管理服务方案时，需要包括管理模式、管理原则与目标、管理措施、维护计划、维护养护方案、节能措施等内容。

在编制安全与消防管理服务方案时，需要考虑目标物业的安全管理特点、安全管理的目标与要点、管理的内容与组织方式、消防管理的重点和难点、消防事务管理、消防设施设备的检查与养护、消防安全演习与防火管理等内容。

（3）物业管理目标及指标承诺

承接物业项目进行投标活动时，根据国家有关物业的评审标准，物业服务企业在投标文件中可以提出接管物业后将达到的总体目标和分项服务目标，以及针对这些目标将采取的保证措施。管理目标及指标承诺，是物业服务企业自身实力的体现和对自身管理服务质量自信的体现。

物业服务总体目标一般是指接管物业后将达到的整体服务效果。物业服务分项服务目标一般是根据服务内容的类别达到不同的管理服务效果。分项目标的具体内容按照物业和物业服务的内容而定，一般物业服务项目的服务内容和服务标准见表2—3。

表 2—3 物业服务项目和服务标准

序号	项目	完成百分率	备注
1	房屋完好率	>98%	
2	房屋零修、急修及时率	>99%	
3	维修工程质量合格率	100%	
4	清洁保洁率	>95%	
5	化粪池、雨水井、污水井完好率	100%	
6	排水管、明暗沟完好率	100%	
7	路灯完好率	>99%	
8	公共文体设施、休息设施及小品雕塑完好率	>98%	
9	大型及重要机电设备完好率	>99%	
10	消防设施设备完好率	>98%	
11	小区治安案件发生率	0	
12	违章发生率	<1%	
13	违章处理率	100%	
14	火灾发生率	0	
15	业主有效投诉率	<1%（月）	
16	业主投诉处理率	>95%	
17	管理费收缴率	>98%	
18	管理人员专业培训合格率	100%	
19	业主投诉处理及时率	>95%	
20	业主对物业满意率	90%	

物业服务目标除了分项服务目标外，还包括创优目标，即接管后多长时限内获评市优（市物业管理优秀项目）、省优、国优等称号。

（4）服务人员配备、培训及管理

优秀的物业服务团队、完善的培训提薪以及有效的管理机制，是为业主和使用者提供高质量物业服务的基本条件。首先，在标书中要充分说明接管目标物业后，各部门设置的岗位、岗位配套的物业服务人才，重点要说明服务人员的学历教育背景、服务经验与服务技能、从业水平、人员配套数量、岗位的职责，以及工作范围、岗位人员的职业素质要求等基本情况。其次，将员工的培训计划展示出来，包括培训的类别、培训形式、培训实施的流程、培训方式、培训考核方法以及培训计划等内容。再次，结合企业自身的人员管理理念与方法，在标书中还应该将企业的人性化员工管理措施和激励措施等展现出来，包括员工的选拔方法、考核机制、奖惩和淘汰机制等。充分展现物业服务的专业性，让招标方以及评委对投标企业的实力给予正面的肯定，展现良好的企业管理能力。

(5) 物业服务用房及物资配备

投标企业根据物业管理法律法规以及物业工作开展的要求，向招标方提出物业管理用房的要求。物资配备计划，应该本着高效、合理、实用的原则。一般的物资配备计划包括行政办公用品、维修工具、清洁绿化工具及治安、交通、消防管理装备等详细内容，以及承接目标物业前期拟投入的资金成本等，方案越详细，物业服务成本的核算也就越清晰。物资配备计划对标底的分析与考量，也起着十分重要的作用。

(6) 物业服务费用的收支预算方案

物业服务费用收支预算是投标书的重要环节，也是评标专家重要的审核内容。物业服务费用收支预算方案，应该根据国家物业管理相关法律法规、区域物价管理规定，结合目标项目的服务项目、费用开支情况进行编制。根据招标文件所提供的材料，详细考察项目配套情况，制定适合目标物业的收支预算方案。以各区域为独立核算单位，按实际开支预算，把各项服务费用与总面积进行分摊来计算物业服务费用的标准。

在标书中，可以详细将收入预算与支出预算分别列项明细，并说明每个项目的服务费用标准以及服务成本，分析收入和支出的构成情况。一般包括：物业服务费用的测算及收费标准；服务经费收支预算表；物业服务费用比例简表；未来 3 年收支情况预测（一般根据招标文件的要求）；提高服务标准后，收支经费预算一览表，等等。还可以对物业服务费用进行方案盈亏分析，同时编制出相应的增加收入的方法和措施等。

1）收入测算。物业管理费用主要来源于物业管理服务收取的各类费用。因此，该收的费用都要收齐，不能漏收。通常的收费项目有：

①目标物业的管理费用。按照政府物价部门核准的标准进行测算。

②物业服务企业根据提供的营业用房开展“三产”经营获得的收入。

③维修基金每年可取得的利息金额。

④其他方面的服务收入。

2）支出预算。围绕着目标物业开展管理服务所支出的成本核算。通常有：

①人员工资、福利、津贴、奖金以及各类保险支出。

②各类服务成本的开支。例如，能源有水、电、气、汽油等能源消耗，各种设备的添置，各类服务所需要的消耗品。

③物业服务企业正常的办公管理服务所需要的各项开支。

④其他有关开支等。通常根据招标文件的要求进行 3 年预算。

(7) 各类管理规章制度、档案的建立与管理

健全、规范的物业管理规章制度是实施科学化、专业化物业管理的依据，也是塑造品牌物业的保证。它体现出物业服务企业的管理水平、管理质量以及规范化管理的程度，从这些制度中可以看出物业服务企业的实力、能力，所以各物业服务企业对此都很重视。物业投标企业应该根据目标物业的实际情况和物业服务企业自身的特点，制定企业的管理规章制度，创建相关的档案管理制度，实施规范化管理，这是物业服务企业专业化道路的要求。

物业管理规章制度根据服务的对象不同，一般包括公众管理制度、公司内部管理制度、

物业区域管理规章制度。公众管理制度是指物业服务企业制定的对物业使用人就物业服务公众做出的规定与说明，一般包括管理规约、住户服务指南、业主管理委员会章程、精神文明公约等。公司内部管理制度是指物业服务企业为提供专业化、优质的物业服务制定的企业内部管理规章制度，一般包括决策、领导制度，部门岗位职责，企业内部管理运作制度（员工行为规范、服务中心工作制度、财务管理制度、人事管理制度等）。物业区域管理规章制度是指物业服务区域内综合管理规章制度，一般包括房屋管理规定、装饰装修管理规章制度、市政公用设施管理规定、环境卫生管理规定、绿化管理规定、安全管理规定、社区文化工作管理规定等内容。

物业档案资料是物业服务重要的原始资料，随着现代化、智能化物业服务的转变，物业档案的管理从最开始的纸质档案逐渐向电子档案转变。物业服务企业要实行双轨制档案保管制度，制定好各岗位、各服务项目的档案管理规定，制定好物业档案的收集、保存、借阅制度。以业主档案为例，应建立原始的业主售楼资料、装饰装修申请资料、房屋维修资料、业主投诉建议资料等内容，并建立专门档案管理制度。

（8）社区文化服务方案

社区文化建设是物业区域文化氛围的重要建设内容。物业服务企业通过社区文化项目的建设、社区文明氛围的塑造、社会生活服务项目的开展以及社区意识的培养与精神文明建设等多种途径，将物业服务与业主的生活共融，营造物业区域内业主和谐的生活氛围。物业服务企业在制定标书时要将如何开展社区文化活动，以及社区文化活动主要内容、计划和方案进行详细说明。制定社区文化活动方案时，可以根据不同的节日类型来进行设计，也可以根据不同的活动项目进行方案的设计，一般包括社区文化活动人员配备、社区文化建设活动计划等。在标书中，可以以某一节日为例，对物业投标企业将开展的社区活动进行介绍，也可以列出目标物业一年中的社区文化活动计划，作为标书的一个亮点展现在评委面前。

（9）便民服务项目

物业区域内，随着业主和使用人经济条件的提高，对物业的服务要求也逐渐在转变。除了基本的服务内容外，对物业服务的便民服务项目，也提出了不同的服务项目和服务方式的新要求。提供便利、高效、专业的特色服务是衡量物业服务水平的重要标准，也是提高物业区域内业主和使用者生活质量的重要措施和保障。物业投标企业应该根据目标物业项目的结构、地理位置和周边的配套设施情况、业主及使用者需求、调研结果，结合物业行业开展便民服务的成功经验，充分考虑业主和使用人生活的每一细节，提供丰富的便民服务项目，切实提高业主的生活质量。物业服务企业提供多元化的服务项目，满足不同业主的需求，可以根据服务项目的内容，制定出前期和日常服务项目、有偿服务和无偿服务项目、特色服务项目等便民服务方案。

（10）物业维修保养方案与维修基金

物业维修保养是物业服务的重要内容，包括公共设施的维修养护、房屋维修管理和房屋设备的维修养护三大内容，在标书中应充分说明物业服务企业在日常和定期维护方面的计划和实施方案。结合目标物业自身的特点，重点说明维修基金的管理制度，包括维修基金的管理使用程序、维修基金的用途、维修基金账目的管理制度等，制定相应的维修基金管理方案。

（11）智能化系统管理与维护措施

随着科学管理水平的不断提高，智能化管理系统与物业服务工作紧密结合，智能化物业管理水平标志着一个物业项目的档次，业主和使用人对智能化物业也越来越重视。物业投标企业可以根据目标物业的自身定位，有针对性地介绍所提供的智能化管理系统，制定智能化系统管理维护方案，主要包括智能化管理系统的组成、日常运作方式、智能化保养和维护计划等。

4. 附件

附件是招标文件的重要组成部分，附件的数量及内容按照招标文件的规定确定。各种商务文件、技术文件等均应依据招标文件要求备全。附件是对标书内容的重要说明和细化。这些文件主要包括：

（1）企业简介材料。概要介绍投标公司的资质条件、业绩证明材料等。

（2）企业资格证明材料。营业执照、税务登记证、组织机构代码证以及行业主管部门颁发的资质等级证书、授权书、代理协议书等。

（3）企业资信证明材料。保函、已履行的合同及商户意见书、中介机构出具的财务状况书等。

（4）公司对合同意向的承诺。包括对承包方式、价款计算方式、服务款项收取方式、材料设备供应方式等情况的说明。

（5）物业管理专案小组的配备。简要介绍主要负责人的职务、以往业绩等。

（6）物业管理组织实施规划等。说明对该物业管理运作中的人员安排、工作规划、财务管理等内容。

（7）招标文件中要求提交的其他附件。

三、物业管理投标书编写技巧及注意事项

物业管理投标书是对投标公司前期准备工作的总结，是投标公司的投标意图、报价策略与目标的集中体现，其编制质量的优劣将直接影响投标竞争的成败。因此，投标公司除了合理报价，以先进技术和优质服务为其竞标成功打好基础外，还应学会如何包装自己的投标文件，在标书的编制、装订、密封等方面给评委留下良好的印象，以争取关键性评分。

1. 物业管理投标书编写技巧

物业管理企业为了使投标书能成功竞标，特别注意投标书的质量，在编写的过程中应做到以下 5 点：

（1）针对目标物业，突出企业管理实力

投标的目的就是在招标活动中成功。因此在编写标书、确定方案时，一定要有针对性。为保证自己的竞标方案具有针对性，首先要进行充分的项目实地调查，了解项目的具体位

置、周边环境、对未来物业服务的要求与期望，结合招标方对投标单位的要求，详细分析与研究。其次，结合投标方自身的企业服务实力与管理优势，分析自身的经营状况与能力，根据现场调研结果，结合投标企业的管理服务经验，认真制定彰显投标企业自身管理实力和服务水平的有特色的物业服务方案。投标书的编写，应该有的放矢、针对性强，能够有助于评标专家对该企业物业管理水平的了解。

（2）可行性强，充分理解招标方需求

物业投标书应对物业招标书进行细致的分析与研究，了解招标方对目标物业的服务要求和内容，针对招标物业的特点，量体裁衣，制定出可行性强、执行效率高的一系列物业服务方案和工作计划。标书中要根据目标物业的具体情况提出切实可行的物业管理方案和措施，要充分考虑到管理服务对象的接受程度。标书中所提出的管理方法和措施要与现行的法律、法规相一致。在编写投标书时，一定要按招标书提出的要求来组织方案设计，尽量使标书得到评委的接受或认可。

（3）专业性强，提升项目服务档次

标书的制定要充分体现物业投标企业的专业化服务水平和能力。只有仔细研究项目特点、业主需求，组织专业化的服务团队，采用专业化、科学化、智能化的管理手段和方法，深刻理解招标方的意愿，才能达到提升项目档次的目的，从而获得招标方和评标专家的认可。

（4）实事求是，不做过高承诺

投标文件应对招标文件的要求做出实质响应，其内容应符合招标文件的所有条款、条件和规定，且无重大偏离与保留。投标人应按招标文件的要求提供投标文件，并保证所提供全部资料的真实性，以使其投标文件对应招标文件的要求。否则，其投标将被拒绝。

编写标书要讲究实事求是，不要在标书中做出夸大其词的承诺，要结合目标物业的实际情况，设计出合理的报价以及服务标准。标书中的承诺如果不能兑现，会使企业失去公信力，导致违约行为，标书的书面内容也会成为法律纠纷的依据。因此，物业投标企业在标书中不能脱离目标物业的实际情况，做出过高的承诺，应本着诚实信用，在企业能力水平范围内，编制出有自身服务特色的标书。

（5）格式规范，报价有理有据

编制投标书应使用国家统一颁布的行业标准与规范，如果某些业主由于特定需要要求提供特殊服务，也应按照国家正式批准的统一的服务行业标准规范，严格准确地行事。首先，简洁、明确、文法通畅、条理清楚是投标书文字必须满足的基本要求。编制投标书时，切忌拐弯抹角、废话连篇、用词模棱两可，应尽量做到言简意赅、措辞准确达意，最大限度地减少招标单位的误解和可能出现的争议。其次，图纸、表格做到前后一致、风格统一，符合招标文件的要求。最好能以索引查阅方式将图纸表格装订成册，并和标书中的文字表述保持一致。

物业服务费用报价测算过程科学合理，符合目标物业的实际情况，从企业的设计出发，结合自身的服务实力、服务标准、项目具体规模情况以及业主的服务需求等定位服务标准，合理测算出相应的服务报价。

2. 物业管理投标书编写注意事项

（1）投标文件确保无遗漏、无空缺

投标文件中的每一空白栏都需填写。如有空缺，则被认为放弃意见；重要数据未填写，可能作为废标处理。因此，投标公司在填写时务必小心谨慎。

（2）认真核对投标书内容

投标书中填表类的文字应仔细认真核对，计算数字必须准确无误，不得任意修改填写内容。投标方所递交的全部文件均应由投标方法定代表人或委托代理人签字；若填写中有错误而不得不修改，则应由投标方负责人在修改处签字。投标公司必须对单价、合计数、分步合计、总标价及其大写数字进行仔细核对。

（3）填写方式规范，不改变标书格式

投标书最好用打字方式填写，或者用墨水笔工整填写；除投标方对错处作必要修改外，投标文件中不允许出现加行、涂抹或改写痕迹。若投标公司认为原有标书格式不能表达投标意图，可另附补充说明，但不得任意修改原标书格式。

（4）投标文件保证整洁干净，标书封面大方得体

投标文件应保证字迹清楚、文本整洁、纸张统一，装帧美观大方，版面编排合理，整体性强。

（5）封送标书格式规范，及时递交

根据招标文件对递送标书的要求，投标企业应在规定的时间内封送标书，标书的封面要求注明“投标文件正本”和“投标文件副本”，进行严格的封装和密封。

（6）遵守行业秘密要求，公平公正参与竞争

投标人应严格执行各项规定，不得行贿、徇私舞弊，不得泄露自己的标价或串通其他投标人哄抬标价，不得隐瞒事实真相，不得做出损害他人利益的行为。否则，该投标人将被取消投标或承包资格，甚至受到经济和法律的制裁。

四、物业管理投标报价测算及策略

物业管理投标报价是否准确、科学和合理，关系到招标方对投标方的印象，直接影响着物业服务企业的投标结果。物业管理投标报价测算包括物业服务计划期限内的收入预测、支出预测以及经费预算和盈亏分析等。

1. 物业管理投标报价测算的依据与内容

（1）物业管理投标报价的测算依据

首先依据《物业服务收费管理办法》《中华人民共和国价格法》《物业管理条例》，以及物业项目所在地政府所制定的物业服务收费办法等相关法律法规；其次依据招标文件及标签会议的相关问题答疑进行分析预测，以及开发商规划及入住业主的需求；依据政府物价部门对物业服务水平定位标准要求、市场竞争分析以及盈利期望、投标成功经验等进行报价预测。

（2）物业管理投标报价的测算内容

物业管理投标报价根据物业服务计费方式的不同，物业服务费用的构成也不一样。实行物业包干制计费方式的，物业服务报价成本包括物业服务成本、法定税费和物业企业利润；实行酬金制计费方式的，预收的物业服务费用包括物业服务支出和物业服务的酬金。

物业管理投标报价的测算，一般包括服务成本预测、服务支出预测、各项服务经费预算以及盈亏分析。以物业服务成本预测为例，包括：

1）物业服务人员工资、社会保险和按规定提取的福利费等。

2）物业共用部位、共用设施设备的日常运行维护费用。

3）物业管理区域清洁卫生费用。

4）物业管理区域绿化养护费用。

5）物业管理区域秩序维护费用。

6）办公费用。

7）物业管理企业固定资产折旧。

8）物业共用部位、共用设施设备及公众责任保险费用。

9）经业主同意的其他费用。

物业服务测算方案是由物业投标企业编制的目标物业的物业服务费用预算，作为招投标双方确定物业服务费用的重要依据。下面以“物业服务人员工资、社会保险和按规定提取的福利费等”为例，结合案例 2—2，阐述物业服务人工成本的测算过程和测算方法。

案例 2—2

物业服务方案人工成本测算

某物业服务方案人工成本测算

人工成本费用包括工资、按规定提取的福利费、社会基本保险、补贴、加班费、服装费。

1. 工资

人员工资计算表

序号	岗位名称	人数（人）	工资定额（元/人月）	月工资（元）	年工资（元）	备注
合 计						

2. 福利费

计算公式：提缴金额＝工资总额×提缴率

福利费计算表

序号	费用名称	提缴率	月工资总额（元）	月提缴金额（元）	年工资总额（元）	年提缴金额（元）
1	福利基金	14%				
2	工会经费	2%				
3	教育经费	1.5%				
合计		17.5%				

3. 社会基本保险

计算公式：提缴金额＝工资总额×提缴率

注：因生育保险的购买对象为女职工，故社会基本保险将按性别分别计算。

(1) 男职工社会基本保险

男职工社会基本保险计算表

序号	费用名称	提缴率	月工资总额（元）	月提缴金额（元）	年工资总额（元）	年提缴金额（元）
1	养老保险	20%				
2	失业保险	2%				
3	医疗保险	10%				
4	工伤保险	1%				
合计		33%				

(2) 女职工社会基本保险

女职工社会基本保险计算表

序号	费用名称	提缴率	月工资总额（元）	月提缴金额（元）	年工资总额（元）	年提缴金额（元）
1	养老保险	20%				
2	失业保险	2%				
3	医疗保险	10%				
4	工伤保险	1%				
5	生育保险	0.8%				
合计		33.8%				

4．补贴

补贴计算表

序号	费用名称	人数（人）	补贴定额		备注
			（元/月）	（元/年）	
1	通信补贴				
2	伙食补贴				
3	住房补贴				
4	水电补贴				
5	过节费				
合　计					

5．加班费

计算公式：发生额＝日均工资×比率×人数×天数

加班费计算表

序号	节日名称	日均工资（元）	比率	加班人数	天数	发生额（元）
1	元旦		300%		1	
2	劳动节				1	
3	国庆节				3	
4	春节				3	
合　计			—			

6．服装费

管理人员工作服每______年更换；操作人员工作服每______年更换。

计算公式：服装费（元/年）＝______（元/套）×人数÷摊销年限

服装费（元/月）＝服装费（元/年）÷12

服装费计算表

序号	岗位名称	人数	服装费小计（元/套）×人数	摊销年限	月发生额（元）	年发生额（元）	备注
1	管理人员（男）						
2	管理人员（女）						
3	保安员						
4	保洁员						
5	绿化员						
6	维修员						
合　计			—				

7. 人工成本

人工成本综合计算表

序号	成本费用名称	月发生额（元）	年发生额（元）
1	工资		
2	福利费		
3	社会基本保险		
4	补贴		
5	加班费		
6	服装费		
合计			

物业管理投标的精确报价测算，是投标活动的重要环节。案例 2—2 表明物业管理投标报价测算是一项非常细致、专业且复杂的过程，报价需要精确的预测、精心的测算，才能得到较为准确的费用标准。

2. 物业管理投标的报价策略

物业投标的成功与否，不仅仅取决于科学严谨的报价预算过程，更重要的是精明的投标决策和策略。物业管理投标报价，要根据物业服务企业的经营状况和目标，考虑自身的服务优势和劣势、竞争对手的情况，分析整个项目的特点，按照物业的性质和类别、管理条件等确定报价的策略。在公开招标的情况下，有些项目标的是取平均价作标杆的，因而报价越接近者得分越高。费用报价是物业管理投标的第一门槛，高于市场的报价难以被接受，低于成本报价将作为废标处理，诸多有实力的企业往往因为报价偏离太多（过低或过高）而被直接淘汰，或者即使中标也无利可图。因此，应当充分理解招标文件对报价的要求，在对现场进行充分详尽勘察的基础上，制定合理且有竞争性的报价策略。当前物业服务企业在报价中运用最多的策略有 3 种：

（1）生存型报价策略

生存型投标报价策略，以克服物业企业生存危机为目的，可以少考虑利润，甚至不考虑利润而争取中标。这主要是由于物业投标人自身经营管理不善、市场不景气、国家政策调控等原因，造成投标人的生存危机。这时物业投标人应以生存为重，采取不盈利甚至赔本也要夺标的态度，只要能暂时维持生存渡过难关，就会有东山再起的希望。一般的物业投标中不建议采取低价投标甚至亏本投标的办法来竞争，这不利于物业企业长期稳定的发展。

（2）竞争型报价策略

投标报价以竞争为手段，以开拓市场、低盈利为目标，在精确计算成本的基础上，充分估计其他物业投标竞争对手的报价目标，以有竞争力的报价达到中标的目的。物业投标人面对以下情况应采取竞争型报价策略：投标项目风险小、社会效益好的优质物业服务项目；试图打入新的地区或服务领域；开拓新的物业服务类型；经营状况不景气，近期接收到的投标邀请较少；竞争对手有威胁性。这种策略是大多数企业采用的，也叫保本低利策略。通过保本微利的价格竞争优势，占领市场份额。按成本报价，适用于规模大、远期效益好的项目或业主大会委托业主委员会组织的招标项目。

（3）盈利型报价策略

盈利型报价策略是投标人充分发挥自身优势，以实现最佳盈利为目标。下面几种情况可以采用盈利型报价策略：投标人在该区域知名度高，品牌效益好；信誉度高，竞争对手少；具有技术优势，并对招标人有较强的名牌效应，投标人的目标主要是扩大影响；项目管理条件差、难度高、服务量大等。物业投标企业采取盈利型策略，通过发挥自身的优势，扩大在目前区域中的影响力。

除了以上3种报价策略，还要对项目运作的经营管理成本进行准确测算，物业投标方要确定项目运作的盈亏平衡点和利润空间，在此基础上预测标底和竞争对手的报价范围。物业服务企业在报价时，还应该根据项目的具体情况，通过充分的调研和斟酌，在报价中留有商讨的余地，采取多方案的报价策略，做好备选方案，以便应付复杂多变的投标局面。

在邀请招标或议标的方式中，由于招标文件不明确或项目本身有多方案存在，投标人对项目原方案提出在经济上、技术上更合理可行的方案，即准备两个或两个以上的报价，最后与招标方进行协商处理。如果招标文件中规定可以提一个备选方案，那么在增加备选方案时，不要将方案写得太具体，要保留方案的技术关键。同时组织好答辩小组成员，熟悉标书报价的计算方法和内容，在答辩中突出企业自身的技术、服务等优势，讲究知己知彼，充分了解报价的水平是否与招标方的要求相当、在竞争者中是否有价格优势等。物业投标人应该使招标人比较注重的指标适当地优于规定标准，这样可以获得适当的评标奖励，有利于在竞争中取胜。总之，讲究策略，主动把握竞争态势，做到有进有退。

模拟实训

宜居公司通过公开投标，通过金悦世纪花园项目的投标资格预审，正式进入项目投标者的行列，接下来投标小组要全力以赴编制项目的投标书。

一、填写物业管理投标函

宜居公司为参与金悦世纪花园项目的投标工作，第一步是向招标方提交投标函及授权委托书，经理作为投标代表人，全权负责投标的相关事宜。实习生接到负责提交投标函和授权委托书的任务，要求在金悦世纪花园项目投标的有效时限（2013 年 8 月 12 日至 2013 年 9 月 12 日）内及时提交，以下是编制投标函和授权委托书的过程。

1. 编制宜居公司投标函

实习生根据宜居公司的质量管理体系文件，找到投标函的文件体系，将文件资料调取出来后，结合本次金悦世纪花园项目的投标要求，编制了投标函。

投 标 函

致：金悦世纪花园项目招标小组

1. 本公司已了解招标人有关《金悦世纪花园 物业管理招标文件》内容、细则、要求、办法及条款，并同意响应招标文件内容及要求，以《投标企业概况及投标报价表》和《金悦世纪花园 物业管理投标书》投标金悦世纪花园物业管理服务。

2. 本公司知悉本项目的住宅物业管理公共服务费投标报价不得高于《××市普通住宅物业服务等级和收费标准》中有关四级及三类组合价格的最高标准，业主专用停车服务费收费标准报价不得高于××市价格行政主管部门规定的标准，否则，评标委员会或招标人可将本公司投标作废标处理而无须对本公司做出任何解释和补偿。

3. 本投标书物业管理公共服务费投标报价（包干制）包含了本公司承诺的花园物业管理公共服务内容、质量标准所包含的本公司公共管理服务开支及其他所有费用，并同意将此价格约定于合同期内保持不变。

4. 本公司同意于中标并签署《前期物业服务合同》后，在约定的时间内提供投标书内所述之物业管理服务；本公司知晓合同期内，若本公司未能实施投标书内所述承诺内容，或未能实现投标书内物业管理服务承诺目标，招标人有权随时终止合同，并无须对本公司做出任何补偿。

5. 本公司知晓本项目物业管理方式确定为全方位服务型管理，若中标公司在《前期物业服务合同》期内将物业管理及其服务整体外包即属违约，应依法承担违约责任。

6. 除非《前期物业服务合同》内容违反中华人民共和国法律，否则合同双方必须遵守《前期物业服务合同》及附件条款所有条文及细则。

7. 本公司知晓招标人选定中标人，无须向本公司公开中标人的资料或做出招投标的其他任何解释，一切有关选聘中标人的活动以本项目评标规则为依据。

投标人（盖章）： 李靖

法定代表人或其授权代理人（签字或盖章） ×××

地址： ××市××区××号 邮编： ×××××

电话： ××××××××× 传真： ×××××××××

日期： 2013 年 08 月 15 日

2. 编制宜居公司的授权委托书

由于本次宜居公司将以经理作为投标代表人，全权负责投标的相关事宜，因此还需要编制一份经理的授权委托书。

第二章

授权委托书

×××（姓名）系宜居公司（公司名称）的法定代表人，现委托李靖（授权代表姓名）参加贵方组织的金悦世纪花园首期项目前期物业服务招投标活动，全权代表我单位处理投标的有关事宜。

代理人无转委托权，特此委托。

本授权书有效期：2013年08月01日至2013年11月01日

附授权代表情况

姓名	李靖	职务	市场开拓部经理	
性别	男	年龄	45岁	
身份证号码	350×××××××××××××××			
电话	136××××××××	传真	010-××××××××	
通信地址	××市××区××街道		邮编	××××××

投标人：李靖（公章）

法定代表人：×××（签字/盖章）

3. 封送投标函和授权委托书

完成投标函和授权委托书的编制后，要及时封送给金悦世纪花园项目招标小组，完成参与项目投标的第一步。

二、物业投标报价——人工成本（工资）测算

宜居公司对项目进行细致考察后，需要对物业服务成本进行测算，服务成本其中一项是办公及人员工资服务成本，请根据提供的物业服务项目，测算出办公及人员工资费用成本。人工成本费用包括工资、按规定提取的福利费、社会基本保险、补贴、加班费、服装费。

根据投标项目金悦世纪花园的实际情况，结合物业管理投标书的预算内容，对宜居公司接管金悦世纪花园项目进行了细致的服务人工成本预测，完成“金悦世纪花园物业服务方案——人工成本预测”。下面是结合案例2—2的各项表格编制预算的过程。

宜居公司接管金悦世纪花园前期项目人工成本预算，人工成本费用包括工资、按规定提取的福利费、社会基本保险、补贴、加班费、服装费。

下面以物业服务中心人员数量及岗位工资的预算表为例，了解人工成本中人员编制和工资的预算过程。

1. 人员编制计划

金悦世纪花园前期项目的人员编制计划见表2—4。

表 2—4 金悦世纪花园前期项目的人员编制计划

序号	部门	岗位名称	人数（人）	人数小计（人）	备注
1	管理层	项目总经理	1	5	
		客服主管	1		
		安全主管	1		
		工程主管	1		
		清洁绿化主管	1		
2	操作层	前台接待	2	38	
		物业区域管家	3		
		保安员	15		
		工程维修员	5		
		清洁工	8		
		绿化工	5		
总计				43	

2. 人员工资预算

金悦世纪花园前期项目的人员工资预算见表 2—5。

表 2—5 金悦世纪花园前期项目的人员工资预算

序号	岗位名称	人数（人）	工资定额（元/人月）	月工资（元）	年工资（元）	备注
1	项目总经理	1	8 000	8 000	96 000	
2	客服主管	1	5 500	5 500	66 000	
3	安全主管	1	5 000	5 000	60 000	
4	工程主管	1	6 000	6 000	72 000	
5	清洁绿化主管	1	4 500	4 500	54 000	
6	前台接待	2	3 000	6 000	72 000	
7	物业区域管家	3	3 200	9 600	115 200	
8	保安员	15	2 200	33 000	396 000	
9	工程维修员	5	3 300	16 500	198 000	
10	清洁工	8	1 500	12 000	144 000	
11	绿化工	5	1 600	8 000	96 000	
合　计		43	43 800	114 100	1 369 200	

人工成本的预算，在物业服务中心前期人员编制的基础上，除核算每月、每年人员的工资外，还包括福利费、社会基本保险、补贴、加班费、服装费等各项成本，需要根据服务中心的实际情况，进行详细的核算和编制。

三、根据物业管理标书的格式编制物业管理投标书

宜居公司完成了投标致函以及委托书的编制任务后，核算出投标的报价，接下来要根据物业管理投标书的基本格式，召集投标小组分工完成标书的编写工作。

思考与练习

1. 物业管理投标书的主要内容包括哪些？
2. 在物业管理投标报价中，可以采取哪些报价策略？
3. 物业管理投标书编写过程中，有哪些编制技巧？
4. 物业服务支出费用包括哪些？

第 3 节　物业管理投标现场答辩

学习目标

掌握物业管理投标答辩的一般流程；能对物业管理投标答辩中常见的问题进行解答；会熟练运用物业管理投标的答辩技巧。

一、物业管理投标答辩的一般流程

物业管理投标答辩是招投标过程中为人们所关注的焦点。通过投标答辩，使评委和业主代表能充分了解投标企业所制作投标书的内容，从而展示该物业管理企业的实力。物业投标答辩是招投标活动的中心工作，要求议程安排全面、周密。答辩流程一般包括以下环节：

1. 宣布答辩、评标会开始

在物业答辩会预定时间内，各投标单位代表、招标方代表、出席的领导嘉宾入场。物业招标工作领导小组成员作为会议主持人，介绍与会领导、各评委和投标单位，开发商代表致辞，与会有关领导致辞。

2. 物业招标方宣布答辩规则

物业招标方首先宣布本次答辩会的答辩规则以及答辩流程，物业投标单位记录答辩的流程，做好相关的答辩准备，检查随身携带的展示设备、投标书等材料，答辩人做好资料的整理和熟悉。

第二章

3. 抽签决定答辩顺序

物业招标方邀请物业投标方选派抽签代表，通过抽签确定答辩顺序，在观众及评委面前展示各投标单位的答辩顺序。确定答辩顺序后，投标单位退场回避，到后台做好答辩准备。

4. 投标企业按顺序答辩

在预定时间，各投标企业代表按顺序入场答辩。答辩的形式可以由招标方自主规定，一般的流程是企业作标书的简述，一般15～25分钟，答辩时间根据投标方的要求。物业投标企业在答辩过程中要尽可能简明、扼要，能令人印象深刻，可采取图片＋简单说明，配以企业简介宣传片或作PPT演示。评委根据投标企业标书的内容，向投标方提问或者投标方抽签回答问题，最后再给予投标方做最后补充或说明的机会，评委可即时亮分或答辩结束后统一评分。企业答辩过程中要掌握相应的答辩技巧。

5. 宣布评标结果和中标单位

投标企业答辩结束后，会安排一定时间请各评委对标书评分。现场工作人员、公证人员统一计算各投标企业总分，并报招标工作领导小组组长、副组长；现场公布评标结果，确定中标单位，招标方宣布答辩、评标会结束。

二、物业管理投标答辩中常见的问题

物业招标会上，由招标方代表和物业管理方面的专家组成的评标委员会对每一家竞标单位都要进行现场提问，其中很多问题都是物业服务工作中的一些焦点、热点话题。常见的投标答辩问题一般包括以下方面：

1. 投标项目的基本情况和相关数据

此部分问题主要了解投标企业对项目熟悉和掌握的程度，比如，对本项目的管理特点、管理中的重点和难点能否准确理解，对本项目的目标客户定位的理解，如何加强项目的形象管理以及管理的整体思路，对本项目的管理承诺，投标企业参与投标的优势与管理经验，选择本项目作为投标对象的原因等。例如，××项目答辩会上项目招标方提问："H物业投标单位，接管物业后将如何根据我们项目的开发进度开展工作？请简单介绍一下贵公司如何提升项目的形象。请简述贵单位对××商场项目的客户定位的理解，谈谈在协助前期招租方面有哪些措施。"

2. 财务预算的合理性和合法性

此部分投标问题主要是针对物业服务费用的构成及相关问题。比如，物业服务费单价的核算、物业服务基本支出和收入的测算、企业盈亏问题、物业服务费的缴纳难度、报价中服务费所包含的服务内容等问题。例如，某答辩会上招标方提问："投标企业报价的物业管理费主要包含哪些费用？针对××项目高端写字楼出租率不高的情况，怎样提高物业出租率？"

3. 目标和承诺的实现方式

招标企业对此部分内容的提问主要是针对投标企业在投标书中所编制的项目管理承诺，以及对承诺采取的服务措施、实现措施的方式等。

4. 管理服务流程及人力资源管理

主要针对投标文件中设计的管理工作流程、信息沟通、管理技术和手段、紧急预案处理，以及物业服务人员的配备、岗位培训和人员流动性控制等问题。

除了以上的问题外，还会涉及相关的法律问题、技术问题，投标文件中的数据、概念的解释等内容。在参加开标会议和现场答辩时，要求答辩人对投标书的内容做到胸有成竹，对投标书中涉及的相关法律法规有明确的认知。物业投标人要注意回答问题的正确性和逻辑性、分析问题的层次性，切合问题的内容进行有针对性的回答。回答问题时要注意答辩的技巧，可以引用数据、法规政策，利用过往成功经验和方法，自信果断和拖延技巧相结合，采取对相关内容进行适当补充等方式，回应招标方和专业评委提出的问题。在答辩过程中，切忌与评委进行现场争论。

可通过案例 2—3 了解物业管理答辩的基本过程，掌握专家提问的内容以及投标方回答的基本技巧。

案例 2—3

物业管理招标会现场答辩纪要

××住宅项目物业管理招标会现场答辩纪要

时间：2013 年 7 月 20 日 14：30 至 15：30

地点：招投标会议室

主持人：李××

评委：（略）

H 物业企业代表：蒋××、董××、王××、马××

1. 标前陈述

蒋××：各位评委下午好！非常感谢有这样一个机会与大家交流。首先我向各位介绍一下我们今天到场的人员。本人是此次招标活动 H 物业的全权代表蒋××，H 物业市场部经理，坐在我右侧的分别是拟派的观筑项目经理董××先生、观筑客户服务部经理王××小姐、观筑工程部经理马××先生。

接下来，我向各位评委简单介绍一下 H 物业公司情况。由于今天现场没有投影仪，事先准备的演示也无法给大家看了。关于 H 物业的资质、获得过的荣誉以及其他的一些详细材料已经在标书中有详细的阐述，在这里我要补充的有以下几个方面：

（1）H 物业所管理的物业类型

H 物业所管理的物业已基本包括了目前市场上所有的物业类型，分别是综合写字楼、高档公寓、别墅、体育场馆以及综合商城。其中，我们所管理的高尚社区代表有龙山新新小镇、新星花园别墅、国家高级公务员公寓。

（2）H物业所服务的客户层次

基于所管理的物业类型，我们服务的客户层次也非常丰富，其中包括国内IT界的龙头××集团、世界五百强×××集团等，这些都为我们积累了丰富的对客服务经验。

（3）H物业所关注的要素

我们的客户、我们的员工以及我们对客服务和内部管理机制的创新。

（4）H物业的社区文化建设

我们除了由管理处营建具有观筑特色的社区文化之外，还将观筑客户纳入H物业所有客户这一大的群体，参加由公司组织的大型社区活动。

2. 标书方案陈述

下面由董××为大家陈述具体的物业服务方案。

董××：下面我针对标书中的重点部分作陈述。

（1）延续开发商在××住宅项目的设计精髓，将人文与环保理念贯穿于物业管理服务始终。在管理理念、岗位设置、服务方式、服务过程、结果反馈等方面，尊重业主的个性化需求和精神享受。

（2）全方位实现“以客户为中心”的物业管理服务过程，设立24小时客户服务中心，管理服务公正、公开、公平。

（3）基于ISO9002与ISO14001的双体系管理服务，强调工作的标准化、程序化，严格贯彻作业指导书的要求。

（4）科学、细致、务实的接管工作计划：物业前置的工作安排、入住期的工作开展、二次装修的工作部署、一期入住区域物业管理。

王××：下面我将对我们在××住宅项目客户服务中的几个重要部分进行要点阐述。

（1）在××项目中，我们打破传统的仅仅以信息的传递为主要服务模式的客户服务，特为××住宅项目设置了24小时全天候客户服务中心，并以之为管理处枢纽部门，统一调配管理处资源，全天候受理业主服务需求；同时，我们为业主专门配备了客户服务专员，以点对点的形式参与到客户诉求实现的全过程中。

（2）在××住宅项目的客户服务中，我们在将所有日常常规性服务标准量化的同时将尺度授予客户，各位评委可以参见我们在标书的特别服务篇中提到的部分量化标准。

（3）家庭经理人与e服务体系相结合，是形成××住宅项目特色的点对点和点对面结合的物业管理服务模式的有力支撑。

（4）我们对客户服务进行了分类，除了公共类服务，还包括客户个性化的服务需求，除了依靠家庭经理人与e服务体系来满足这些需求外，我们还为客户准备了29项免费服务与组合类打包服务。

(5) H物业积累了多年别墅类项目的服务经验，我们有针对性地提出了有××住宅项目特色的社区文化建设，观筑业主作为H物业所有客户的一部分，在组织××住宅项目特色的社区文化活动的同时，还将由公司组织大型活动邀请所有客户参加。

3. 专家提问

(1) ××住宅项目中，贵公司对Townhouse和公寓的收费不一样，前者每月2.6元/米^2，公寓每月3.2元/米^2，原因是什么？

蒋××：由于公寓的设备中有14部电梯，在保证社区内所有服务的前提下，公寓物业管理费的测算中增加了电梯运行和电梯维保费用，同时相应的消防维保费用也会增加。

(2) 该社区绿化面积达到了36 000米^2，而你们只设置了5名绿化维护人员，够不够？

蒋××：我们主要考虑社区绿化采取外包的形式，因此在物业人员岗位的设置上，我们没有安排绿化养护工人，而是设置了一名绿化主管，这样的做法也是在一定程度上降低业主的支出。当然，我们是在严格保证绿化养护水准的基础上，通过自身比较成熟的供货商体系，选择专业水平更高、经济上更为实惠的绿化养护公司，将社区的绿化任务外包给他们，针对绿化养护的外包工作我们将给予技术指标和经济指标上的考核与监督。

(3) 你们认为××住宅项目与其他物业项目相比有何区别？你们在物业管理和服务上有哪些有针对性的特点？

董××：××住宅项目的业主更加追求在家居生活上的舒适感与私密性，对物业管理服务的要求上更具个性化，为此我们在社区日后的物业管理服务上，将更切实地了解客户需求，制定出可操作性更强的服务方案，充分保障业主的社区生活。对分期入住的客户，我们将有特别的保障措施，各位评委可以在标书中找到相应的阐述。

(4) 除了绿化外，还有哪些项目准备外包？

董××：为了保证物业管理的服务品质，在工程维保、环境维护、安保服务等工作的安排上，我们均使用H物业的自有人员；如果政府职能部门对于某些岗位的人员另有规定，我们将妥善协调，坚持执行H物业的选人标准，保证社区物业管理服务既定标准。

(5) 这次是前期物业的招标，中标后很快就会和开发商签合同，而离业主正式入住还有半年多的时间，请问你们都有哪些前期工作要做？对封阳台、露台，业主的观点很难统一，你们是何态度？

蒋××：如果我们中标，我们将履行我们的承诺，提前启动客户服务中心，各专业人员提前进场工作，收集整理工程信息及设备设施的基础资料，完善社区整体vi系统，做好正式接管的工作安排，为社区的日常管理服务打下坚实的基础。

同时，我们将认真负责地协助业主做好观筑庭院物业的保值增值工作，维护社区的无形资产。无论是开发商、业主还是物业公司，只要我们都对社区投入关爱和秉持负责的态度，我想会有一个解决问题、满足大家愿望的办法。

董××：在这里要强调的是关于封闭阳台、露台，根据我们过往的管理经验，这会给房屋本体施工整改带来比较大的影响，主要是难以界定需整改问题的责任方，所以我们建议最好是在业主委员会成立以后，召开业主大会来讨论确定这个问题。

(6) 请解释一下29项无偿服务中临时家庭看护的概念。其他特约服务为什么没有价格明细，收费服务的利润如何使用？

王××：29项无偿服务中临时家庭看护的提出是源于我们以往管理与服务中客户的个性需求。我们主要是在业主临时性外出和其他突发情况下，由管理处指定人员代业主临时看护小孩、老人或看管物品（如业主订购的家电等，送货上门但家中无人），临时看护的时限一般不超过24小时。

其他特约服务的价格在标书中没有明细，是因为我们必须在对周边的劳动力市场进行详细的调研后，才能制定出单项服务的价格明细，再根据单项的服务价格由业主自由选择单项服务项目中组合类打包服务，这样单项服务的价格累加必定大于相同项目组合打包服务的综合价格。

蒋××：关于服务收费，我们遵循的原则是谁提供服务谁收费，也就是说在管理处通过整合社会资源为业主提供服务的过程中，如果是由社会上的服务机构提供的服务，那么管理处将不收取所谓的代理费用，而是由业主向直接的服务提供者付费。

(7) 你们在标书中已经明确了主要的现场管理人员，其中项目经理董先生的经历很丰富（请简述其经历），但董先生到H物业企业后还没有主管过具体的项目。请问董先生的从业心得和××住宅项目的经营理念有没有差异？打算如何结合，又如何体现在××住宅项目上？

董××：H物业倡导品质物业、品位生活，并首创物业行业的诸多服务理念，具有悠久和深厚的公司文化，这些也正是我个人投身该行业的一贯追求。此次投标××住宅项目的物业管理，我们不希望是一个短期的行为，我们希望永久地为大家服务，希望和大家成为朋友，我们在向××住宅项目提供物业服务的同时，也付出了我们的感情。

(8) 最后一个问题：我们知道很多项目的物业公司都和开发商有着千丝万缕的联系，致使业主在入住后成为弱势群体。在××住宅项目物业选择上开发商表现得很开明，用句时髦话叫与时俱进，我们很欣赏，也很感激。但在某些具体问题上不排除会出现业主利益和开发商利益相冲突的情况，这时你们该如何处理？

蒋××：作为物业公司，我们会以认真、公正、负责、务实的态度做好协调沟通工作，不盲目偏袒任何一方，而是站在管理与服务好社区的立场上，真正起到开发商与业主之间的桥梁与纽带作用。

三、物业管理投标答辩技巧

物业投标答辩会是展现物业投标企业整体形象和企业实力的重要舞台，在群雄交锋的时刻，会场的紧张气氛可想而知。物业投标企业应做好充分的准备，在答辩过程中保持良好的状态，运筹帷幄，掌握现场的局势，做到胸有成竹，在评委面前展现公司的良好状态。参加物业投标现场答辩要掌握以下的技巧：

1. 精心挑选经验丰富的答辩人

在选择答辩人的时候，首先应选择经验丰富、性格沉稳、对项目情况熟悉的人。在开标前应对答辩人员进行模拟演练，使其正确把握招标文件的要点、投标文件的重点内容，增强对项目的熟悉程度，对重点问题、难点问题、普遍性问题要一一准备答辩要点。

2. 利用现代科技手段，突出投标特色

随着科技手段的发展，物业投标答辩展示也采用现代化的技术手段和方法，在预定的答辩时间内，要求物业投标企业通过各种宣传工具（视频、短片、现场连线直播、PPT、音频等）全面展示投标方案，把标书中企业的特色和对服务项目的创新在答辩中进行展示，突出企业的服务实力和管理优势，以出奇制胜给招标方和评委留下深刻印象，这对获取评委的高分有重要的帮助。目前不少投标企业在答辩现场通过 PPT 展示让招标方和评委更加直观地了解标书的内容，通过突出重点，吸引评委的注意力。

3. 形象端庄自信，思路清晰

物业投标答辩人应保持仪表和专业形象，着装和姿势尤为重要。答辩人的着装应舒适而且适合答辩会的场合，一般穿着职业装，站立笔直，自信大方，在评委面前展现自信和自尊的气质。在答辩过程中声音清晰，声调大小合适、抑扬顿挫，语言适时、热情、自然、幽默，与评委和观众有眼光的接触，手势和举止大方得体，能吸引全场的注意力。在发言的过程中，思路清晰，做到每个步骤都熟练自如。

4. 重点突出，把握时间

在投标答辩过程中，答辩人员应该保持良好的精神状态。要突出答辩展示的重点，结合标书中的精彩内容，有选择性地展示标书的特色之处、服务理念的创新点等。答辩人员应当围绕招标方和评委普遍关注的问题集中阐述，重点突出，难点讲透，特色鲜明。回答评委问题的时候，不拖沓、不啰唆，有理有据、突出重点。评委进行评分的时候，重要环节就是能否掌握好时间，因此答辩人要把握好答辩时间，在规定的时间内完成。

模拟实训

宜居公司市场开拓部负责人李靖经理拿到参与物业投标现场答辩任务后，组织部门成员模拟投标答辩会现场，实习生小武负责协助李经理组织整个答辩过程的演练。下面是市场开拓部成员演练物业现场答辩的整个过程。

一、收集材料，策划答辩方案

根据金悦世纪花园项目招标方的要求，在答辩过程中每家投标企业按照企业标书展示—评委提问—评分3个环节进行答辩。宜居公司市场开拓部结合招标方的要求，收集现场答辩所需的材料，策划现场答辩展示的方案，要求制作出的答辩方案能在众多的竞争者中使招标方和评委眼前一亮。在投标答辩过程中，通过多媒体等手段吸引评委的注意力，达到宣传企业理念的目的，也是答辩的重点。

实习生根据答辩环节的要求，结合宜居公司的实际情况，设计了具有实用性、创新性的答辩方案，见表2—6。方案设计完成交给经理审核通过后，参与答辩的经理熟悉了方案的内容，对投标答辩过程可能出现的各种问题能应对自如。

表2—6 物业管理投标答辩策划表

物业投标项目名称	金悦世纪花园前期物业管理项目		
答辩代表	李靖	职务	市场开拓部经理
答辩时间	2013年9月12日14：30—18：00		
答辩地点	广州市××区××路××大厦1203房		
答辩环节	答辩时间	答辩方案	注意事项
1. 投标方案陈述	20分钟	重点阐述我公司的主要业绩、接管本项目的优势以及采取的物业服务方案的先进性等内容，在陈述过程中，结合PPT、视频宣传片等手段。以下为方案陈述环节的策略： （1）……（略） （2）……（略）	突出重点，把握时间
2. 专家提问	15分钟	针对专家的提问给出有针对性的回答，提前准备好投标答辩环节所涉及的内容，要求投标小组提前制作好答辩问题汇总表，并能熟练应对，提前模拟演练。以下为专家提问环节的策略： （1）……（略） （2）……（略）	答辩问题汇总精确，提前熟悉
3. 补充环节	5分钟	结合答辩的实际情况，有针对性地进行资料的补充。……（略）	
……			
答辩物品准备	□PPT □企业宣传视频 □视频直播 □投标书 □存储设备 □计时器 □其他（ ）		
备注			

第二章

二、准备问题，模拟答辩过程

根据已经完成的答辩方案，在答辩策略中，要求提前准备好答辩会上常见的问题，通过协会网站、专业杂志和报纸等途径，查找物业投标答辩会上常见的专家提问问题，整理物业管理投标现场答辩案例，并将常见问题分类后填入表2—7中。最后整理成答辩问题册，提交经理进行熟悉和准备。经过一段时间的准备和熟练，市场开拓部协助经理模拟答辩过程，进行现场企业投标方案展示，回答专家提问，熟悉答辩环节，做到自如应对各种问题。

表2—7　　物业管理投标现场答辩问题汇总

涉及内容	答辩问题
物业投标项目	1. 贵企业投标的优势在哪里？ 2. 对本项目的客户定位如何理解？ 3. 在前期管理阶段，如何协助本项目开展销售？ 4. ……（略） 5. ……（略）
报价财务预算	1. 物业服务费报价是如何测算的？ 2. 比周边的小区服务费偏贵，如何解释？ 3. ……（略） 4. ……（略） 5. ……（略）
目标和承诺	1. 贵企业将采取什么方法保证服务质量和服务标准？ 2. 投标书中预计物业服务费收缴率达99%，如何保证？ 3. ……（略） 4. ……（略） 5. ……（略）
管理服务流程	1. 标书中对于业主报修采取一站式维修服务，“一站式”如何理解？ 2. 小区智能化设施采用先进的指纹系统，对小区的出租户如何监管？ 3. ……（略） 4. ……（略） 5. ……（略）
其他	

三、模拟答辩

根据投标文件的现场答辩规则，在投标小组的配合下，市场开拓部现场模拟投标答辩的整个过程，记录员对答辩过程做好记录。

第二章

四、信息反馈，修改答辩内容

通过现场模拟，掌握答辩过程中的不足之处，及时进行方案的改进和创新，采用有效的展示方式和手段，争取在答辩会上能出奇制胜。

思考与练习

1. 请简述物业投标现场答辩的一般流程。
2. 物业投标现场答辩中，专家评委主要提问哪些问题？
3. 在物业投标现场答辩过程中，答辩人应掌握哪些答辩技巧？

第三章　物业管理定标与合同签订

物业管理招投标中定标与合同签订，是物业管理招投标工作的重要环节，公开、公正、公平的定标工作，是物业管理招投标定标的重要保障。物业管理中标单位与招标单位签订物业服务合同，是物业管理工作实施的前提，因此，在物业管理招投标中，要保障物业管理定标的公正性，需要掌握物业服务合同的基本内容与签订方法。

第 1 节　物业管理开标、评标与定标

学习目标

掌握物业管理开标的程序和物业管理评标方法，能组建评标委员会；熟练运用评标的办法，掌握评标原则；能模拟组织物业管理评标过程，会编写物业管理评标报告；掌握物业管理定标的程序，熟悉物业管理投标中标人的法定义务。

一、物业管理开标、评标与定标相关概念

1. 物业管理开标

物业管理开标就是指招标人在规定的时间、地点，在有投标人出席的情况下，当众开启投标人提交的投标文件，宣布投标人的名称、投标价格及投标文件中的其他主要内容。开标应当按照招标文件规定的时间、地点和程序，以公开方式进行，开标由招标人或者招标代理机构主持，邀请法律公证机关公证员、评标委员会成员、投标人代表、有关投标管理部门工作人员代表和经办银行代表参加。

一般情况下，开标应以召开开标会议的形式进行。开标会议由招标人在有关管理部门的监督下主持。在招标人委托招标代理机构代理招标时，开标也可由该代理机构主持。主持人按照规定的程序负责开标的全过程，其他开标工作人员办理开标作业及制作记录等事项。参与开标是每一个投标人的法定权利，招标人不得以任何理由排斥、限制任何投标人参加开标。

开标会议应当邀请所有投标人和相关单位的代表作为参加人出席，这样可以使投标人了解开标是否依法进行，对招标人的中标决定也将起到一定的监督作用，同时，也使投标

人了解其他投标人的投标情况，大体衡量一下自己中标的可能性，投标人还可以收集资料、积累经验，进一步了解竞争对手的情况，为以后的投标工作提供参考。在组织物业管理开标工作中，要注意以下方面：

（1）开标的时间

《招标投标法》中规定，开标应当在招标文件确定的提交投标文件截止时间的同一时间公开进行。在操作中要注意以下3点：

1）开标时间应当在提供给每个投标人的招标文件中事先确定，以使每个投标人都知道开标的准确时间，届时参加，确保开标过程的公开性和透明度。

2）开标时间应与提交投标文件截止时间一致。招标人应按规定时间开标，不得拖延，以免发生“暗箱操作”等不法行为。如遇到特殊情况，必须以书面形式通知各投标人。

3）开标应当公开进行。也就是开标活动应当向所有提交投标文件的投标人公开。招标人应当邀请所有提交投标文件的投标人到现场参加开标。开标时，投标方必须由其法定代表人或委托代理人（具有授权书）参加，并签名以证明其出席过开标会议。

（2）开标的地点

《招标投标法》中规定，开标地点应当为招标文件中预先确定的地点。这样的规定，是为了使所有投标人都能事先知道开标地点，为参加开标活动做好充分准备，保证准时到达。

（3）开标的注意事项

1）招标方应注意的问题

①招标人在招标文件要求提交投标文件的截止时间前收到的所有投标文件，开标时都应当当众予以拆封，不能遗漏，否则就构成对投标人的不公正对待。

②招标方应根据以往经验和国际惯例，制定严格的开标会场纪律，并对工作人员予以培训。

③招标方制定的开标程序和时间安排应尽可能合理，既能满足投标单位介绍投标价格和主要内容，又能控制时间不至于冗长拖沓。

④不得徇私舞弊。严禁招标人员和评定人员与投标单位私下接触，严禁开标工作人员泄露有关信息。

2）投标方应注意的问题

①遵守开标纪律，准时出席开标会议。

②投标方应按规定要求宣读投标内容。投标方在宣读标书时，对于评标委员会的提问应及时说明，但对投标报价和期限等实质性内容不得改动，其他人员在投标单位宣读标书时不能提出任何疑问。

③各投标单位旁听人员不得中途离开会场，所有人员（包括评委、列席嘉宾、旁听人员、工作人员、记者等）不许使用手机等。工作人员有权制止影响开标会场纪律的行为。

2. 物业管理评标

物业管理评标就是依据招标文件的规定和要求，对投标文件所进行的审查、评审和比较。评标是审查确定中标人的必经程序，是保证投标成功的重要环节。评标工作由开标前确定的评标委员会负责，评标委员会推举一名评标组长，主持评标工作。根据评标内容的繁简，评标可在开标后立即进行，也可在随后进行。评标是对各投标人进行综合评价，为择优确定中标人提供依据。评标委员会应根据招标文件规定的评标方法和标准，对投标文件进行系统评审。评标委员会可以向招标人推荐中标候选人，也可以根据招标人的授权直接确定中标人。

（1）物业管理评标委员会

为保证物业管理评标的公正性，防止招标人左右招标结果，评标工作应组建一个评标委员会。它由招标人或招标代理机构的代表和评标委员会专家成员组成，负责依据招标文件规定的评标标准和方法，对所有的投标文件进行评审，向招标人推荐中标候选人或者依据授权直接确定中标人。《前期物业管理招标投标管理暂行办法》中规定，评标委员会由招标人代表和物业管理方面的专家组成，成员为5人以上单数，其中招标人代表以外的物业管理方面的专家不得少于成员总数的2/3；评标委员会的专家成员，应当由招标人从房地产行政主管部门建立的专家名册中采取随机抽取的方式确定。一般，评标专家中，技术专家主要负责对投标文件中的技术部分进行评审，经济专家主要负责对投标中的报价等经济部分进行评审，而法律专家则主要负责投标中商务和法律事务的评审。其中，评标委员会专家成员应符合下列条件之一：

1）从事物业管理及工程管理、建筑管理、财务会计等相关领域工作满5年，具有中级以上技术职称或同等专业水平，熟悉物业管理业务知识并具有较丰富的实践经验。

2）负责小区管理、担任小区经理（负责人）6年以上，具有丰富的管理经验。

除上述条件外，评标专家应能客观、公正地履行职责，能确保参与物业管理投标评审时间。评标专家由政府房地产物业行政管理部门聘任，聘期2年。政府房地产物业行政管理部门定期对评标专家进行有关法律法规、政策和业务培训。评标专家有违规行为或不称职的，应取消其评标专家资格。被取消评标专家资格的人员，不得再参加任何评标活动。另外，评标委员会成员有下列情形之一的，应当主动提出回避：

1）房地产物业行政管理人员。

2）本人任职于投标单位或者本人是投标单位主要负责人的近亲属。

3）本人与投标单位有经济利益关系。

4）本人或本人所在单位为投标单位作投标指导或制作投标书的。

评标委员会成员应当回避而不回避，造成招标人或投标人经济损失的，应承担赔偿责任。并且，评标委员会成员都应该遵守以下行为规范：

1）评标委员会成员不得与任何投标人或者与招标结果有利害关系的人进行私下接触，不得收受投标人、中介人、其他利害关系人的财物或其他好处。

2）评标委员会成员不得透露对投标文件的评审和比较、中标候选人的推荐情况以及与评标有关的其他情况。

（2）物业管理评标方法

目前，物业管理的评标常采用的评分方法有最低投标价法、综合评估法和两阶段评标法。

1）最低投标价法。最低投标价法也称为合理最低投标价法。该方法一般适用于管理技术、性能标准较简单，或者招标人对其管理技术、性能标准没有特殊要求的招标物业项目。根据最低投标价法，能够满足招标文件的实质性要求，并且经评审的最低投标价的投标，应当推荐为中标候选人。采用此法有一个基本原则，即在当地政府物业服务收费指导价的限度内，在符合物业服务定位的前提下，要保证服务优良、收费合理、业主满意的标准。

采用最低投标价法完成评审后，评标委员会应当填制标价比较表，编写书面的评标报告，提交给招标人定标。标价比较表应载明投标人的投标报价、对商务偏差的价格调整和说明、经评审的最终投标价等内容，其格式见表 3—1。其中，“对投标报价的调整”具体做法是：评标委员会应当根据招标文件规定的评标价格调整方法，对所有投标人的投标报价以及投标文件的商务部分做出必要的调整，确定每一投标文件经评审的投标价，但对技术标无须进行价格折算。

表 3—1　　标价比较表　　单位：万元

投标人					
投标报价					
经评审的最终投标价					
对投标报价的调整记录					

2）综合评估法。综合评估法是指在最大限度满足招标文件实质性要求的前提下，按照招标文件规定的各项评价因素进行量化打分，并按汇总评标总得分由高到低的顺序推荐中标候选人的评标方法。不宜采用最低投标价法的招标物业项目，一般应采用综合评估法进行评审。根据综合评估法，最大限度地满足招标文件中规定的各项综合评价标准的投标，应当推荐为中标候选人。

衡量投标文件是否最大限度地满足招标文件中规定的各项评价标准，最常用的是百分制打分方法，需量化的因素及其加权应当在招标文件中明确规定。评标委员会对各个评审因素进行量化时，应当将量化指标建立在同一基础或同一标准上，使各投标文件具有可比性。分别对技术部分和商务部分进行量化后，评标委员会应当对这两部分的量化结果进行加权，计算出每一投标的综合评估价或者综合评估分。若评标专家发现投标人所报综合单价偏离严重将影响后续项目实施时，评标专家应要求投标人进行澄清说明。

运用综合评估法完成评标后，评标委员会应当拟定一份“综合评估比较表”，连同书面的评估报告提交招标人，其格式见表3—2。

表3—2 综合评估比较表

各项指标		技术标A1 ______ 商务标A2 ______ 信誉标A3 ______							
序号	投标人名称	投标价（万元）	对技术标/商务标偏差的调整及说明	经评审的最终投标价（万元）	技术标得分（J）	商务标得分（S）	信誉标得分（X）	评标总分（J×A1+S×A2+X×A3）	评标结果
1									
2									
3									
…									

注：0.3≤A1≤0.6，0.4≤A2≤0.7，0≤A3≤0.05，未采用资格预审的，信誉标不计分。

3）两阶段评标法。两阶段评标法就是把物业服务分两次开标、两次筛选、两次竞争。在投标时，物业服务企业将技术标与商务标分两袋密封包装，评标时先评技术标，进行服务质量的比较，即各物业服务企业根据目标物业的定位所制定的管理服务方案，由评标委员会对其进行评定、打分。技术标没通过者，商务标原封不动退还给投标人；技术标合格者，再打开并评定商务标，即评管理服务收费的标准。对商务标（报价）的评定方法，应事先在招标文件中确定，通常有3种方法：

①以最低收费标准者为商务标得分最高者。

②把进入第二轮角逐的所有物业服务企业报价的算术平均数作为基准价，报价越接近基准价者，商务标得分最高。

③把进入第二轮角逐的所有物业服务企业有效报价的算术平均数与标底依照招标文件中确定的权重比例计算出标底合成价，报价越接近标底合成价者，商务标得分最高。

虽然评标分两个阶段进行，但两者是不可分割的整体，一般确定技术标和商务标的总分为100分。如何在技术水平和报价之间衡量，通过评标选出满意的物业服务企业，主要体现在招标文件中确定的技术标和商务标的权重，这主要由招标人依据目标物业项目的特点和招标人自身的偏好来确定。

两阶段评标法对那些把价格压得很低、服务管理质量措施不到位、策划不合理的物业服务企业，在开技术标时就被淘汰了，从而有效地找到了招标人在高水平服务与低收费标准这一对“宠儿”之间艰难抉择的最佳切入点。它比一次评标法更科学，将引导物业服务企业首先把目标定在管理服务的水平和质量上，然后再考虑收费标准。这样做一方面更有利于招标人择优，另一方面对推动物业管理健康发展更为合适、合理和科学。

3. 物业管理定标

定标也称中标、决标，是指招标人根据评标委员会的评标报告，在推荐的中标候选人中最后确定中标人。

二、物业管理开标、评标和定标工作

1. 物业管理开标工作

（1）开标筹备工作

开标筹备主要包括两部分工作，一方面是开标会相关文件资料准备工作，另一方面是开标会现场布置及会务准备工作。筹备工作应提前做好安排，并把相关工作落实到各部门和相关人员，以确保开标顺利进行。因此，应先制作开标工作计划书，设计好整个开标会的流程。文件资料准备方面主要包括制作“投标人签到表”“开标记录表”“开标会议邀请函”等所需相关表格，并发出邀请函。开标会现场布置及会务准备工作，则注重对开标会议现场的布置和会务的服务人员安排，鉴于开标会严格的纪律和操作流程，还需对相关参与会议的人员进行培训。

（2）开标组织工作

1）投标人签到。在规定时间和地点开标，需要全体投标人填写“投标人签到表”。签到记录是投标人是否出席开标会议的证明。

2）招标人主持开标会议。主持人介绍参加开标会议的单位、人员及物业招标项目的有关情况，宣布开标人员名单、招标文件规定的评标定标办法和标底。

3）开标

①检验各标书的密封情况。由投标人或其推选的代表检查各标书的密封情况，也可以由公证人员检查并公证。

②唱标。经检验确认各标书的密封无异常情况后，按投递标书的先后顺序或抽签方式进行，当众拆封投标文件，宣读投标人名称、投标价格和标书的其他主要内容，此环节也称为唱标。投标截止时间前收到的所有投标文件都应当众予以拆封和宣读。属于无效标书的，须经评标小组半数以上成员确认并当众宣布，但投标文件不予以启封。所有被宣布为废标的标书，招标机构应原封退回投标单位，不予评标。

唱标人逐一宣读“开标一览表”中的有关要点，并由记录人在预先准备好的表册上逐一进行登记。表册内容一般包括投标单位、投标报价、物业服务的质量等级、投标保证金、附加条件、补充说明、优惠条件，以及招标人或投标人认为有必要的其他内容。登记表册由唱标人、记录人、公证人和投标企业法定代表人或其指定的代理人签名后，作为开标的正式记录，由招标单位保存备查。任何投标人要求查询时，均不应拒绝。

③当众启封公布标底。招标人编制标底的，开标时必须公布标底，以使每位投标人知道自己标价的位置。开标时是否公布标底，要根据招标文件中说明的评标原则而定。若各投标书的报价均属无效报价时，标底价应暂时不公布，并宣布招标失败。

（3）开标过程记录存档

招标方在开标过程中应当做好记录，并存档备查。投标人也应做好记录，收集竞争对手的信息资料。

2. 物业管理评标工作

（1）组建评标委员会

首先，选定和邀请评标委员会专家成员（以下简称评标专家）。评标专家应于开标前 1 日从房地产行政主管部门建立的专家名册中随机抽取，专家人数应占评标小组人数 2/3 以上，并由招标人向其发出评标邀请函。招标人应于开标前确定评标委员会成员，评标委员会由招标人或招标代理机构的代表和评标专家组成，人数为 5 人以上的单数。在中标结果确定前，招标人要对评标委员会成员名单予以保密。评标邀请函格式参见案例 3—1。

案例 3—1

评标邀请函样本

评标邀请函

尊敬的________________：

______住宅小区（大厦）物业管理招（邀）标评标会议定于____月____日____时在________________（地点）举行。

现诚邀您为____________住宅小区（大厦）招（邀）标评标小组评委，烦请您依时出席本次评标会议。多谢！

联系人：

联系电话：

__________小区（大厦）招标小组

____年____月____日

（2）确定评标办法和评标原则

1）评标活动应当遵循公平公正的原则。评标委员会应当根据招标文件规定的评标标准和办法进行评标，对投标文件进行系统的评审和比较。没有在招标文件中规定的评标标准和办法，不得作为评标的依据。招标文件规定的评标标准和办法应当合理，不得含有倾向性或者排斥潜在投标人的内容，不得妨碍或者限制投标人之间的竞争。

评标过程应当保密。有关标书的审查、澄清、评议、比较的有关资料以及授予合同的信息等均不得向无关人员泄露。对于投标人的任何施加影响的行为，都应给予其取消投标资格的处罚。

2）评标活动应当遵循科学合理的原则。评标委员会应在评标时进行询标，即投标文件的澄清，评标委员会可以以书面形式要求投标人对投标文件中含义不明确、对同类问题表述不一致或者有明显文字和计算错误的内容，做出必要的澄清、说明或补正。但是，投标人的澄清或说明，只是对上述情形的解释和补正，不得有下列行为：

①超出投标文件的范围。对投标文件没有规定的内容，澄清时不得加以补充。例如，投标文件规定某一特定条件作为某一承诺的前提，但澄清时解释为另一条件。

②改变或提议改变投标文件中的实质性内容。所谓改变实质性内容，是指改变投标文件中的报价、技术规格（参数）、主要合同条款等。这种实质性内容的改变，目的就是使不符合要求的投标成为符合要求的投标，或者使竞争力较差的投标变成竞争力较强的投标。例如，在挖掘机招标中，招标文件规定发动机冷却方式为水冷，某一投标人用风冷发动机投标，但在澄清时，该投标人坚持说是水冷发动机，这就改变了实质性内容。

如果需要澄清的投标文件较多，则可以召开澄清会。澄清会应当在招投标管理机构监督下进行。在澄清会上由评标委员会分别单独对投标人进行质询，先以口头形式询问并解答，随后在规定的时间内投标人以书面形式予以确认，做出正式书面答复。

另外，投标人借澄清的机会提出的任何修正声明或者附加优惠条件不得作为评标定标的依据。投标人也不得借澄清机会提出招标文件内容之外的附加要求。

3）评标活动应当遵循竞争择优的原则

①评标委员会可以否决全部投标。评标委员会对各投标文件评审后认为所有投标文件都不符合招标文件要求的，可以否决所有投标。

②有效的投标书不足3个时，不予评标。有效投标不足3个，使得投标明显缺乏竞争性，失去了招标的意义，达不到招标的目的，则本次招标无效，不予评标。

③重新招标。有效投标人少于3个或者所有投标被评标委员会否决的，招标人应当依法重新招标。

（3）组织物业管理评标

评标委员会应按照招标文件确定的评标标准和方法，根据标书评分、现场答辩、投标人管理服务业绩及企业综合情况等方面进行比较和综合评审，并对评标结果签字确认，向招标人推荐中标候选人或者根据招标人的授权直接确定中标人。其中，企业综合情况包括企业资质等级、经察看并以书面记载的物业管理现场情况。

招标人设有标底的，应当参考标底。除了现场答辩部分外，评标应当在保密的情况下进行。具体来说，物业管理评标有以下的工作内容：

1）评标的准备工作

①招标人编制评标需用的表格，主要有评标委员会成员签到表、标价比较表或综合评估比较表、不合格投标及废标情况说明表、涉嫌违法违规行为登记表等。

②招标人向评标委员会提供评标所需的重要信息和数据。一般包括以下内容：公开发布的招标文件，包括招标文件的补充、修改或澄清文件，以及图纸、答疑纪要等；项目概况和重点的书面介绍，包括项目规模、项目特点、技术要求、招标文件与示范文本有较大变动的条款等；记录开标过程的相关文件资料；其他评标必需的资料。

③评标委员会应认真研究招标文件，熟悉招标文件中的相关内容。包括招标的目标，招标项目的范围和性质，招标文件中规定的主要技术要求、标准和商务条款，招标文件规定的评标标准、评标方法和在评标过程中考虑的相关因素。

④推荐评标组长。评标委员会成员推荐一名评标组长，由评标组长负责协调、组织评标活动的实施。评标组长与评标委员会的其他成员享有同等的表决权。

2）初步评审。初步评审又称投标文件的符合性鉴定。通过初评，将投标文件分为响应性投标和非响应性投标两大类。响应性投标是指投标文件的内容与招标文件所规定的要求、条件、合同条款和规范等相符，无显著差别或保留，并且按照招标文件的规定提交了投标担保的投标；非响应性投标是指投标文件的内容与招标文件的规定有重大偏差，或者未按招标文件的规定提交担保的投标。通过初步评审，响应性投标可以进入详细评标，而非响应性投标则淘汰出局。一般初步评审的主要内容有：

①投标文件的完整性。评标委员会应审查投标文件是否包括了招标文件中规定应递交的全部文件。例如，是否按要求提交了整体策划、管理方式计划、人员配备、管理规章制度、各项指标承诺、社区文化、经费收支预算、职能管理、维修养护等招标文件的所有内容和相应的资料。如果缺少一项内容，则无法进行客观公正的评价，只能按废标处理。另外，若招标文件要求提交必要的支持文件和资料的，应按要求提供。

②投标文件的有效性。评标过程中，投标文件涉及下列情况作废标处理：

a. 投标人以他人的名义投标、串通投标、以行贿手段或者以其他弄虚作假方式谋取中标的投标。

b. 投标人以低于成本报价竞标。投标人的报价明显低于其他投标报价或标底，使其报价有可能低于成本的，应当要求该投标人做出书面说明并提供相关证明材料。投标人未能提供相关证明材料或不能做出合理解释的，作废标处理。

c. 审查每一投标文件是否为响应性投标。评标委员会应当审查每一投标文件，看其是否对招标文件提出的所有实质性要求做出了响应。非响应性投标将被拒绝，并且不允许修改或补充。评标委员会应当根据招标文件审查并逐项列出投标文件的全部投标偏差，并区分为重大偏差和细微偏差两大类。存在重大偏差的投标文件，属于非响应性投标，要被淘汰出局。

属于重大偏差的主要有以下 6 种情况：没有按照招标文件要求提供投标担保或者所提供的投标担保有瑕疵；投标文件没有投标人授权代表的签字和加盖公章；投标文件载明的招标项目完成期限超过招标文件规定的期限；明显不符合技术规范、技术标准的要求；投标文件附有招标人不能接受的条件；不符合招标文件中规定的其他实质性要求。

属于细微偏差的主要有两种情况：偏差不影响投标文件的有效性；评标委员会允许投标人在评标结束前予以补正的偏差。细微偏差的投标文件属于响应性投标，可进入详细评审阶段。

③报价计算的正确性。初步评审阶段不详细研究目标物业各部分报价金额是否合理、准确，只审核报价是否有计算或累计上的错误。响应性投标中存在的计算或累加错误，由评标委员会按规定予以修正，并请投标人签字确认，经投标人确认同意改正后的报价对投标人起约束作用。如果投标人不接受改正后的投标报价，其投标将被拒绝，投标保证金将被没收。当错误值超过允许范围时，按废标处理。修正计算错误的原则如下：

a. 用数字表示的数额与用文字表示的数额不一致时，以文字数额为准；

b. 单价金额与总价金额不一致时，以单价金额为准，但评标委员会认为单价的小数点有明显错误的，应以总价金额为准，并修改单价。

另外，对不同文字文本投标文件的解释发生异议的，以中文文本为准；副本与正本不一致的，以正本为准。

经过初审，只有合格的投标文件才有资格进入下一轮的详评。评标委员会应当按照投标报价的高低或者按招标文件规定的其他方法对投标文件进行排序。一般情况下，评标委员会将以新名单中的前几名作为初步备选的潜在中标人和详评阶段的重点考虑对象。

3）详细评审。经初步评审合格的投标文件，评标委员会应当根据招标文件规定的评标标准和办法，对其进行技术评估、商务评估和综合评审，即详细评审。详评的重点是评定投标人准备如何管理目标物业，应该围绕投标文件中的有关管理方案、管理质量、人员素质、报价的合理性等方面进行详细评定和比较。

①技术评估。技术评估的目的是确认和比较投标人完成目标物业服务的技术能力及其实施方案的可靠性。技术评估的主要内容有 4 个方面：管理方案的合理性、服务质量的优劣、人员素质的高低和企业信誉的高低。

评估管理方案的合理性方面，在评标时应着重考虑投标企业的管理计划和措施是否恰当，管理机构的设置是否合理，技术力量的拥有程度、规则制定的完善程度，管理标准的定位是否准确，物业维修养护计划制订是否先进可行等。这些都直接影响到服务费用和工作效率的高低以及物业管理质量的优劣。

其余三方面具体操作可参考第一章第三节的相关内容。

②商务评估。它不仅是从服务成本和经验等方面对各标书进行投标报价数额的比较，还要对价格组成各部分比例的合理性进行评价。分析投标报价的目的在于鉴定各投标价格的合理性、准确性、经济效益和风险等，并找出报价高与低的主要原因，比较不同的投标所产生的不同后果。将标底与投标书中的报价进行对比分析，对差异较大之处找出原因，并评定是否合理。

③其他评审。一般包括：

a. 备选标的评审。招标文件允许投标人投备选标的，评标委员会可以对中标人的备选标进行评审，并决定是否采纳。不符合中标条件的投标人的备选标不予考虑。

b. 划分多个单项合同的招标项目的评审。对于此类招标项目，招标文件允许投标人为获得整个项目合同而提出优惠的，评标委员会可以对投标人提出的优惠条件进行审查，并决定是否将招标项目作为一个整体合同授予中标人。整体合同中标人的投标应当是最有利于招标人的投标。

4）现场答辩评审。《前期物业管理招标投标管理暂行办法》第三十二条规定："在评标过程中召开现场答辩会的，应当事先在招标文件中说明，并注明所占的评分比重。评标委员会应当按照招标文件的评标要求，根据标书评分、现场答辩等情况进行综合评标。"实践中，各投标单位答辩人限于经理、管理处主任 2 人。答辩时由投标企业答辩人介绍本公司的基本情况、管理业绩及投标书的主要内容，再由评委进行提问，提问内容限于标书和拟管理物业的管理事项。根据答辩评分标准，以及答辩人的仪容仪表、时间掌握、语言简洁、逻辑性强、回答准确、情况熟悉、工作思路及综合印象等项目内容由评委给出答辩分。

5）综合评审。综合评审是在以上工作的基础上，根据事先拟定好的评标原则、评价指标和评标办法，对筛选出来的若干具有实质性响应的招标文件进行综合评价与比较，最后选定中标人。中标人的投标应当符合下列条件之一：能最大限度地满足招标文件中规定的各项综合评价标准；能满足招标文件各项要求，并且投标价格最低，但是投标价格低于成本的除外。

6）废标的确定和处理。开标会上，投标文件不予受理的情形有（该环节废标情况由招标人负责判定）：在投标截止时间以后送达的，或者未送达指定地点的；未密封和加盖投标人公章的；未按招标文件规定的形式和金额提交投标担保的；未按招标文件规定提交投标函、物业管理投标承诺书的；投标人名称或组织结构与投标报名不一致且未提供有效证明的；招标文件或者法律、法规规定的其他投标文件不予受理的情形。

初步评审中有关无效标的情形有以下几种（由评标委员会负责判定）：物业服务费报价不符合招标文件要求的；同一项目出现两个及以上报价，且未声明哪个是有效的；投标保函的内容不符合招标文件要求的；投标函、物业管理投标承诺书未按招标文件规定填写的；投标人资格条件不符合国家有关规定和招标文件要求的；招标文件或者法律、法规规定的其他无效标情形。

详细评审中有关废标的情形有以下几种（由评标委员会负责判定）：投标人以他人的名义投标或出现串通投标、弄虚作假情形的；投标文件不满足招标文件规定的任何一项实质性要求的；评标委员会根据招标文件的规定对投标文件的投标价格进行调整，投标人不接受调整方式或不接受调整后的价格的；招标文件或者法律、法规规定的其他废标情形。

评标委员会对投标文件应坚持谨慎确定废标的原则。评标委员会在做出任何一项废标决定之前，都应严格遵循以下程序：

①评标委员会应要求当事投标人作相应的答辩。

②评标委员会将答辩记录送当事投标人委派答辩人签字确认。如果投标人拒绝在答辩记录上签字确认，视为同意答辩记录。

③评标委员会应在充分讨论的基础上，通过记名的集体表决方式做出决定。

④如果评标委员会通过表决做出无效标或废标的决定，应在评标报告中详细记录做出无效标或废标的理由、依据和评标委员会表决的过程和结论。

⑤评标委员会在否决所有投标文件前，应当向招标人核实有关情况，听取招标人意见。

7）编写物业管理评标报告及推荐中标候选人。评标委员会完成评标后，应当向招标人提交书面评标报告，阐明评标委员会对各投标文件的评审和比较意见，并按照招标文件规定的评标标准和评标方法，推荐不超过 3 名有排序的合格的中标候选人。评标报告是指评标委员会经过对各投标书评审后向招标人提交的结论性报告，作为定标的主要依据。

①评标报告的内容。评标报告应如实记载以下内容：基本情况和数据表，评标委员会成员名单，开标记录，符合要求的投标一览表，废标情况说明，评标标准、评标方法或者评标因素一览表，经评审的评分比较一览表，经评审的投标人排序，推荐的中标候选人名单与签订合同前要处理的事宜，澄清、说明、补正事项纪要等。

②中标候选人人数。评标委员会推荐的中标候选人应当限定在 1～3 人，并标明排列顺序。

③评标报告的签署。评标报告由评标委员会全体成员签字，应当对下列情况做出书面说明并记录在案：对评标结论有异议的评标委员会成员，可以以书面方式阐述其不同意见和理由；评标委员会成员拒绝在评标报告上签字，且不陈述其不同意见和理由的，视为同意评标结论。详细的物业管理招投标评分标准细则可参考本书附录 3。

3. 物业管理定标和授标工作

（1）定标和授标的程序

1）确定中标人并发布中标结果公示。招标人根据评标委员会提交的书面评标报告和推荐的中标候选人确定中标人。严格来说，招标人应当确定排名第一的中标候选人为中标人。排名第一的中标候选人放弃中标，或者因不可抗力提出不能履行合同的，或者招标文件规定应当提交履约保证金而在规定期限内未能提交的，招标人可以依序确定排名第二的中标候选人为中标人。排名第二的中标候选人因上述原因不能签订合同的，中标人可以确定排名第三的中标候选人为中标人。国家对中标人的确定另有规定的，从其规定。评标结束后，招标人应当在项目所在地房地产行政主管部门指定的网站上发布中标结果公示，公示期一般为 3 个工作日。投标人如对中标结果有异议，可在公示期内以书面形式向招标人反映。

2）发出中标通知书。发布中标公告后未收到投诉的，招标人应当向中标人发出中标通知书，同时将中标结果通知所有未中标的投标人。中标通知书表明招标人对中标人就物业服务的要约（投标行为）做出了承诺，它对招标人和投标人都有法律效力。中标通知书是合同的重要组成部分。中标通知书发出后，招标人改变中标结果的，或者中标人放弃中标项目的，应当依法承担法律责任。如果招标人为业主委员会，还应将中标结果在小区（大厦）内的明显位置向业主张贴公布。另外，招标人将中标结果通知所有未中标的投标人时应当返还其投标书。中标通知书和未中标通知书参考格式详见案例 3—2 和案例 3—3。

案例 3—2

中标通知书样本

××花园小区物业服务项目中标通知书

××物业管理有限公司：

本次××花园小区物业服务项目公开招标，经过××花园小区评标委员会的评审，再提交××花园小区业主大会表决，根据××花园小区业主大会会议表决结果，最终确定你公司为本小区物业服务的中标单位。请贵公司于××××年××月××日上午××时前，按招标文件的规定向××花园第二届业主委员会办理退回投标保证金和交纳履约保证金手续，并于同日下午××时携带你单位公章和法人委托书派员到××花园小区业主委员会办公室签订《××花园小区物业管理委托合同》。

特此通知。

××花园第二届业主委员会招标小组（盖章）

××××年××月××日

案例 3—3

未中标通知书样本

××物业管理项目未中标通知书

××物业管理有限公司：

我单位(招标工程名称) 物业管理项目招标，经评标小组评议、上级主管部门核准，已由(中标单位名称) 中标。接到本通知后，请于××××年××月××日上午××时前来我单位领回全部投标文件和图纸，并办理退回投标保证金手续。

××招标单位（盖章）

××××年××月××日

3）招标人与中标人签订合同。招标人和中标人应当自中标通知书发出之日起 30 日内，按照招标文件、中标人的投标文件和现场答辩记录订立书面的物业服务合同，投标文件所陈述内容与现场答辩记录内容不一致的，以现场答辩记录为投标人最终确定的内容。招标人和中标人不得再行订立背离合同实质性内容的其他协议。

招标文件要求中标人提交履约保证金的，中标人应当提交。招标人与中标人签订合同后，应当向中标人和未中标人退还投标保证金。招标人全部或者部分使用非中标单位投标文件中的技术成果或者技术方案时，必须征得其书面同意，并给予一定的经济补偿。

4）中标结果的备案。招标人应当自确定中标人之日起15日内，向物业项目所在地的区、县房地产行政主管部门备案。备案资料应当包括开标评标过程、确定中标人的方式及理由、评标委员会的评标报告、中标人的投标文件等资料。委托代理招标的，还应当附招标代理委托合同。物业项目所在地的区、县房地产行政主管部门收到招标人中标备案资料，应向招标人开具备案回执。

（2）中标人的法定义务

1）按照合同的约定履行义务，完成中标项目的物业管理服务。这与《中华人民共和国合同法》(以下简称《合同法》第六十条关于“当事人应当按照约定全面履行自己的义务”的规定是一致的。根据这一要求，中标人必须全面履行合同，不得部分履行、拒绝履行、履行延迟、瑕疵履行，不得撕毁合同。

2）不得向他人转让中标项目，也不得将中标项目肢解后分别向他人转让。广义的转包合同包括债权让与、债务承担、债权债务的概括转移。此处所指的转让中标项目，仅指全部债权债务的概括转移，是指当事人一方将自己在合同中的权利和义务一并转让给第三人，其实质为转包。根据合同法的有关规定，转让合同须经过对方当事人同意，但有下列情形之一的，不得转让合同：

①根据合同性质不得转让；

②按照当事人约定不得转让；

③按照法律规定不得转让。

这一规定主要考虑到招标人通过招标方式确定中标人时，除价格因素外，主要考量中标人的履约能力，同时可以防止中标人通过层层转让合同坐收渔利，确保项目服务质量。将中标项目肢解成小部分后分别向他人转让，只是转包的一种“零售”形式，本质上仍属于转包，因而也在禁止之列。

3）遵守中标项目分包的限制性规定。所谓分包，是指当事人一方将自己在合同中的一部分权利义务转让给第三人，即部分债权债务的概括转移。由于中标人并不一定对完成某部分工作具有一定优势，如将该部分分包给有优势的第三人，对招标人不仅无害反而有利，所以法律一般不禁止经招标人同意或者按照合同约定的分包合同。不过，对中标人的分包合同作了以下一些限制：

①中标人按照合同约定或经招标人同意，只能将中标项目部分非主体、非关键性工作分包给他人完成。

②接受分包的人应当具备相应的资格条件。

③接受分包的人不得再次分包。

④接受分包的人应就分包项目承担连带责任。

模拟实训

金悦世纪花园完成招标前期工作，收取参加投标企业的标书后，接下来的重要环节就是对标书以及参加投标的企业按照招标文件的内容进行各项分数的评判，完成物业管理招投标的开标、评标和定标工作。金悦世纪花园招标小组应该认真组织本项目的开标、评标和定标工作。

一、组织开标工作

1. 开标筹备工作

金悦世纪花园前期物业管理招标委员会成立了一个开标工作小组，下设两个小组：资料组和会务组，分别做好开标筹备工作。先由资料组编制开标工作计划书，设计好整个开标会的流程，并准备好开标会相关文件资料，如“投标人签到表”“开标记录表”“开标会议邀请函”和“领导致辞”等，并发出邀请函。会务组则负责会议现场布置及会务准备工作，并对相关参与会议的会务人员进行培训，主要是熟悉开标会议的服务操作流程和纪律要求，以确保开标顺利进行。

2. 开标组织工作

（1）投标人签到

按照招标文件中规定的时间和地点组织开标工作，由会务组负责签到，让所有参加投标的物业服务企业在“投标人签到表”上签字，该表是投标人出席开标会议的证明。开标会议结束后要做好归档工作。

（2）招标人主持开标会议

由招标领导小组组长担任主持人，介绍参加开标会议的单位、人员及物业招标项目的有关情况，宣布开标人员名单、招标文件规定的评标定标办法和标底。

（3）开标

为了保证开标过程的公平公正，应当邀请市公证处的公证人员共同参与整个开标工作，一般按以下程序进行：

1）检验各标书的密封情况。

2）唱标。经检验确认各标书的密封无异常情况后，按投递标书的先后顺序或抽签方式进行，当众拆封投标文件，宣读投标人名称、投标价格和标书的其他主要内容，并记录在开标记录表中。属于无效标书的，须经评标小组半数以上成员确认，并当众宣布。

3）当众启封公布标底。

4）开标过程记录存档。开标记录表样本见表3—3。

第三章

表 3—3 开标记录表

项目名称：____________________

项目编号：____________________

开标时间：____年____月____日

预算：____________(元)

投标序号	投标单位	投标单价（元/月）	投标总价（元）	投标人代表确认
1				
2				
3				
4				
…				

唱标人： 记录人： 采购代表人： 监督人：

二、组织评标工作

1. 开展评标的准备工作

招标委员会秘书处编制好评标需用的表格，如评标委员会成员签到表、标价比较表或综合评估比较表、不合格投标及废标情况说明表、涉嫌违法违规行为登记表等。在评标过程中需要使用的相关表格可以参考本书附录 3。

招标委员会向评标委员会提供评标所需的文件和资料。例如，招标文件（包括招标文件的补充、修改或澄清文件）、项目相关图纸、开标会议答疑纪要、记录开标过程的相关文件资料以及其他评标必需的资料等。

2. 组建评标委员会，推荐评标组长

金悦世纪花园招标委员会组建评标委员会的过程可以参考组建资格审查委员会环节的做法，于开标前 1 日到番禺区房管局从专家名册中随机抽取评标专家 6 人，并由秘书处向各专家发出评标邀请函（格式参考案例 3—1），其余 3 人由招标委员会的开发商代表组成。从这 9 人中推荐一名评标组长，由组长负责协调、组织评标活动的实施。评标组长与评标委员会的其他成员享有同等的表决权。

3. 评标委员会开展物业管理评标

评标组长组织各委员认真研究招标文件，熟悉招标文件中的相关内容。评标委员会按照招标文件确定的评标标准和方法，根据物业管理评分标准细则进行评标。评标委员会对各投标文件进行初步评审，主要从投标文件的完整性、有效性和报价计算的正确性三方面进行评审；再对筛选出来的属于响应性投标的文件进行详细评审，即技术评估、商务评估和综合评审，最后推荐中标人。具体操作可以参考本书“物业管理评标工作”中的相应内容以及附录 3 中“物业管理招投标评分方法”。另外，在开标会上，由招标委员会负责判定不符合条件的投标文件为废标，而在初步评审和详细评审环节中，则由评标委员会负责判定废标，并且把废标的具体情况记录在“不合格投标及废标情况说明表”中，格式见表 3—4。

表 3—4　　不合格投标及废标情况说明表

不合格投标或废标的投标人名称	
不合格投标或废标原因	
投标人答辩记录	
评标委员会意见	
需要说明的其他情况	

4. 编写物业管理评标报告及推荐中标候选人

评标委员会根据评标的过程，组织编写评标报告，具体可参考“物业管理评标工作”中的相关内容。最后，评标报告由评标委员会全体成员签字，推荐不超过 3 名有排序的合格的中标候选人。

三、组织定标和授标工作

1. 确定中标人并发布中标公示

金悦世纪花园招标委员会根据评标委员会的评标报告所推荐的 3 名中标候选人中确定第一排序人为中标人，并在区房管局指定的网站上发布中标结果公示，公示期一般为 3 个工作日。投标人如对中标结果有异议，可在公示期内以书面形式向招标人反映。

2. 向中标人发出中标通知书，并告知未中标人中标结果

公示期过后无异议的，金悦世纪花园招标委员会应当向中标人发出中标通知书，格式可以参考案例 3—2，同时将中标结果通知所有未中标的投标人，其格式可参考案例 3—3。其中，中标通知书是金悦房地产发展有限公司与中标物业服务企业签订的前期物业服务合同的重要组成部分。

3. 招标人与中标人签订合同

金悦房地产发展有限公司与中标物业服务企业要在中标通知书发出之日起 30 日内，按照招标文件、投标文件和现场答辩记录等来订立前期物业服务合同。并且，金悦房地产发展有限公司还要向中标人和未中标人退还投标保证金。

4. 办理物业管理项目中标结果备案手续

金悦世纪花园招标委员会应当自确定中标人之日起 15 日内，向区房管局办理中标结果备案手续，并且提供评标委员会的评标报告、中标人的投标文件等备案资料。区房管局则要向招标人开具备案回执。

思考与练习

1. 试简述物业管理开标、评标、定标和授标工作流程。
2. 如何组建评标委员会？

第三章

3. 废标有哪些情形？
4. 物业管理评标有哪些常用的方法？
5. 物业管理投标中标人有哪些法定的义务？
6. 物业管理评标报告一般包括哪些内容？

第 2 节　物业服务合同签订与管理

学习目标

会签订物业服务合同；会根据物业服务合同的管理要求，实施规范管理。

一、物业服务合同基本知识

随着《中华人民共和国物权法》和《物业管理条例》的出台，与物业服务企业签订的物业服务合同对全体业主和物业服务企业都具有法律约束力，而享受优质物业服务的关键是具有法律的保护。

1. 物业服务合同的概念

物业服务合同是物业委托方和物业服务企业根据有关物业管理法律、法规和政策，在平等、自愿、协商一致的基础上签订的合同。它是规范物业管理活动中双方当事人在特定物业服务事宜中权利义务关系的法律依据。根据物业服务合同签订的主体和时间不同，物业服务合同可以分为前期物业服务合同与后期物业服务合同。

《物业管理条例》第二十一条规定："在业主、业主大会选聘物业服务企业之前，建设单位选聘物业服务企业的，应当签订书面的前期物业服务合同。"前期物业服务合同是指物业建设单位与物业服务企业就前期物业管理阶段双方的权利义务所达成的协议，是物业服务企业被授权开展物业管理服务的依据。前期物业服务合同具有过渡性。前期物业服务合同虽由开发商与物业服务企业签订，但其不仅涉及建设单位与物业服务企业，也涉及业主的权利和义务。

物业服务合同是指建设单位交付物业后，由物业区域内的业主委员会另行选聘物业服务企业，约定物业区域内的相关事宜而签订的服务合同。前期物业服务合同具有过渡性，可以约定期限；但是，期限未满、业主委员会与物业服务企业签订的物业服务合同生效的，前期物业服务合同终止。

2. 物业服务合同的主要内容

物业服务合同反映合同双方当事人的权利和义务，建设单位或业主委员会应与中标方订立书面的物业服务合同，合同的订立宣告双方法律关系的形成。根据《物业管理条例》

第三十五条规定，物业服务合同应当对物业管理事项、服务质量、服务费用、双方的权利义务、专项维修资金的管理与使用、物业管理用房、合同期限、违约责任等内容进行约定。物业服务合同应当具备以下主要内容：

(1) 物业服务项目

业主与物业服务企业在物业服务合同中约定的物业服务项目，是指在签订合同时已经协商一致的物业管理服务的具体内容，双方未达成一致的服务项目或履行中发生的新项目，协商一致后应当另行签订补充协议。物业服务项目一般包括：

1) 房屋建筑共用部位的维护。

2) 共用设施、设备的维护。

3) 市政公用设施的维护。

4) 物业公共绿化的养护与管理。

5) 物业公共环境卫生的管理。

6) 公共秩序的维护服务。

7) 社区文化活动的组织与开展。

8) 物业区域内禁止行为的管理。

9) 其他公共委托事务的管理。

物业服务合同的内容，根据合同双方的委托内容进行选择，在合同中尽可能详细地列出服务内容和要求，避免不必要的纠纷。

(2) 物业服务质量

物业服务质量根据物业的服务定位标准，在不同服务标准下，服务内容和服务效果会有所差异，约定物业服务质量就是约定各项具体服务应当达到的标准。只约定物业服务项目而不约定物业服务质量，或者约定服务质量不明确，会造成合同履行争议。因此，约定服务质量必须具体、细致。业主与物业服务企业可以参照中国物业管理协会印发的《普通住宅小区物业管理服务等级标准》，结合物业项目情况、物业收费标准以及物业管理项目的具体情况，协商确定物业服务质量要求。

(3) 物业服务费用

首先要明确物业服务的收费形式，实行包干制还是酬金制，或者是其他收费形式。然后根据不同收费形式明确收费标准、酬金数额或取费比例、交费时间、交费方式及结算方式等。

(4) 合同双方权利和义务

双方的权利义务泛指法定义务之外的其他需要约定的权利义务。可以约定的内容很多，例如，业主大会和业主委员会对物业服务企业服务质量的监督方式，物业服务企业分包专项服务事项的权利，业主遵守物业管理区域内各项管理制度的义务；物业服务企业公示物业服务项目、服务标准、收费标准的义务，物业服务企业对物业管理区域公众性规章制度的宣传告知义务，制止业主违规行为的义务等。

(5) 专项维修资金的管理与使用

在国家规定基础上，合同应当约定业主对物业服务企业使用专项维修资金的申请、审

第三章

议程序和监督方式等具体内容。

（6）物业管理用房

必要的物业管理用房是物业服务企业开展物业服务的前提条件。对于物业管理用房的配置、用途、产权归属等，《物业管理条例》已经有了明确规定，当事人需要在合同中就相关内容予以细化。

（7）合同期限

合同的期限，是指合同的有效期。物业服务合同属于在较长期限内履行的合同，因此当事人需要对合同的期限进行约定。物业服务合同的期限条款应当尽量明确、具体，或者明确规定计算期限的方法。

（8）违约责任

违约责任对于合同的履行非常重要，《合同法》以及其他相关法律法规对违约责任的规定也比较详细。但是，法律规定毕竟比较原则，难以面面俱到，而物业服务合同具有其特殊性，因此，为了保证合同当事人的特殊需要、保证物业服务合同义务的切实履行，当事人应当按照法律规定的原则和自身的情况，对违约责任做出具体的约定。例如，约定违约损害的计算方法、赔偿范围等。

物业服务合同除需明确以上内容外，还应包括当事人双方根据物业服务需要商定的其他条款，如约定合同生效的条件、解除合同的损失赔偿、免责条款约定、合同履行争议的解决方式，等等。

3. 物业服务合同的签订

《物业管理条例》中明确规定，“业主委员会应当与业主大会选聘的物业管理企业订立书面的物业服务合同”，物业服务合同的订立，是指开发商（业主委员会）与物业服务企业，在遵循平等、自愿、公平、诚实信用和合法原则的基础上，就物业服务合同的主要条款经过协商一致，最终达成的法律行为。物业服务合同规定了双方当事人的主要权利和义务，它既是物业服务企业进行管理活动的主要依据，也是双方出现纠纷后解决纠纷的依据。

物业服务合同的订立程序根据合同法的相关规定，物业合同双方当事人采取要约、承诺方式订立合同。合同是当事人之间设立、变更、终止民事权利义务关系的协议，当事人对合同的内容经过协商达成一致意见的过程，就是通过要约和承诺完成合同订立的过程。物业服务合同的签订可以采用公开招标的方式，即建设单位或业主组织发布招标公告就属于要约邀请，物业服务企业报送的投标书属于要约，中标属于承诺；也可以采用协商的方式，即建设单位或业主与物业服务企业向对方发出要约并经过对方承诺，依法以书面方式订立正式的物业服务合同。要约方和承诺方既可以是建设单位或业主，也可以是物业服务企业。

4. 签订物业服务合同的注意事项

物业服务合同是确立业主和物业服务企业在物业管理活动中权利义务的法律依据。在物业管理活动中，物业服务合同的地位非常重要。合同是否依法订立，合同内容是否详细，合同是否具有可操作性，对于维护各方在物业管理活动中的合法权益举足轻重。物业服务合同是维护业主权益的重要依据。物业服务合同的签订关系合同双方的权利义务，双方在平等自愿的前提下，遵循公平、诚实信用与合法的原则，经充分的协商讨论达成一致意见后方可签订。物业管理工作自身的特点决定了物业服务合同涉及业主、建设单位、物业服务企业的切身利益，除应遵循签订一般合同的注意事项外，还要注意以下 4 个要点：

（1）明确服务内容、项目分包和合同期限

在物业服务合同中要明确说明物业服务企业的服务项目，并逐条展开说明委托服务的内容，其责任是否界定清楚，服务质量标准是否细化、量化且可供考核。明确对物业项目分包合同的特殊要求，是否允许物业服务企业将部分项目进行分包，对分包的原则要求和限制条件，也应给予明确。关于发包方是否允许承包商对项目进行分包或转包，通常的情况是发包方禁止项目转包和分包或规定未经发包方同意，承包商不得将项目转包或分包给第三方，因此在物业服务项目中，要明确对分包项目的相应要求和规定。同时，还要明确物业服务合同的服务期限以及协议终止和解除的约定是否明确、合理。

（2）明确合同双方的权利和义务

物业服务合同中要明确合同双方的权利、义务。物业管理服务合同是物业服务企业与业主委员会之间设立、变更、终止权利义务的协议，当事人应当遵循公平原则，确定各方的权利义务，不要签订义务多、责任重、权利少之类“一边倒”的合同。

物业服务企业和业主在小区中的地位是平等的，在赋予物业服务企业管理整个小区日常事务权利的同时，也要明确物业服务企业所承担的义务，并且尽可能明确责任。合同既要规定物业服务企业违约要如何处理，还要有业主委员会违约如何处理的内容。例如，保安失职导致业主物品被盗，物业公司应承担的相应赔偿责任；物业服务企业在使用物业服务费时，必须有明确的记录并定期向业主委员会公开账目。同时明确业主委员会的权利和义务，业主委员会有权监督物业服务企业的工作，同时有义务协助物业服务企业在小区开展服务事宜，有督促小区业主按时交纳物业费、以身作则的义务等。双方的权利义务应该通过条款详细写进合同中。

（3）明确物业服务费用及服务标准

在合同中要明确物业服务的服务档次（不同档次的服务标准和服务费用有差异），明确物业服务费的收取标准，如何收取，收取标准中是否包含分摊费用等明细。同时约定物业服务的收费方式（包干制还是酬金制），详细说明各项物业服务费用的成本或支出用途。

同时要约定详细的物业服务标准，各委托项目具体内容的管理服务质量标准，在定性的基础上能量化的尽可能给予量化。根据《普通住宅小区物业管理服务等级标准》约定详细的服务标准及工作考核方法。物业服务费用及服务标准的确定必须合理、合法，具有可执行性和可操作性。既要照顾物业服务企业实际开支情况，又要结合物业区域内业主的情况、小区的配套和档次等；既要使物业服务企业有收益，又要使业主有所获。

（4）明确界定违约责任与处理方式

在物业管理实践中，不可避免地会产生各种各样的问题、矛盾与纠纷。这些问题、矛盾与纠纷，既可能发生在物业服务企业与业主之间，也可能发生在业主相互之间；既有违法的问题，有的也属于违规、违约以及是非道德和认识水平的范畴。物业服务合同在签订时双方要对此有更为详尽的约定。首先，要明确当各类问题出现后，如何区分责任以及承担相应责任的前提条件；其次，要明确解决问题的方式和途径，有时要事先约定解决的期限及费用的处理等条款。要在服务合同里明确物业服务企业违反约定应承担的违约责任，约定的责任要具有实用性和可操作性。与一般的合同相比，物业服务合同对违约责任的界定及争议的解决方式更应重视。

二、物业服务合同的管理

物业服务合同的管理包括合同双方当事人之间权利义务关系的设立，合同的履行、变更、解除、终止以及违约责任等内容。

1. 物业服务合同的履行

(1) 物业服务合同履行的概念

物业服务合同的履行是指合同生效后，物业服务合同双方当事人按照合同规定的各项条款，完成各自承担的义务和实现各自享有的权利，使当事人的合同目的得以实现的行为。合同的履行是合同法律约束力的首要表现。当事人应当按照约定全面履行自己的义务。

(2) 物业服务合同的履行原则

1) 全面履行原则。全面履行原则又称正确履行原则或适当履行原则。当事人除按物业服务合同规定的标的履行外，还需按经济合同规定的标的数量、质量、履行期限和地点、履行方式等要求来对物业服务合同的各项条款全面承担义务。

物业服务合同是物业双方当事人根据自己的实际需要订立的，合同中的各项条款都反映了订立双方所追求的目的和实际承受能力。全面履行原则意在指导和督促当事人保质保量地按时全面履行物业管理委托合同规定的各项义务，防止违约情况发生，保护当事人双方的合法权益。

2) 实际履行原则。实际履行原则是指除法律和经济合同另有规定或者客观上已不可能履行外，当事人要根据经济合同规定的标的完成义务，不能用其他标的来代替约定标的。例如在物业服务的公共服务项目中，不能因为本物业服务企业的人员变动、经费短缺，而擅自改变服务项目或降低服务质量（不以委托合同中的质量标准要求），也不能以赔偿金的方式代替履约，对方要求履行合同的仍应继续履行。贯彻实际履行原则的目的是要物业服务企业积极改善服务质量、提高服务水平，按合同规定认真履行自己的义务。

3) 诚实信用原则。诚实信用原则是指当事人按照合同约定的条件，切实履行自己所承担的义务，取得另一方当事人的信任，相互配合履行，共同全面实现合同的签订目的。诚实信用原则一方面强化市场经济中的契约意识和公平正义观念；另一方面不仅要求物业服务企业严格按约履行，也要尽力督促和协助开发商（业主委员会）履行自己的职责，相互提供方便，保障合同履行，最终实现双方的权利。

当事人除了遵循以上 3 个原则按照物业服务合同的约定履行自己的义务外，同时还应履行当事人相互协助、告知、保密和防止损失扩大等义务。

2. 物业服务合同的变更和解除

（1）物业服务合同的变更

物业服务合同的变更，是指物业服务合同依法成立后尚未履行或尚未完全履行时，由于客观情况发生了变化，使原合同已不能履行或不应履行，经双方当事人同意，依照法律规定的条件和程序，对原合同条款进行的修改或补充。合同的变更有广义和狭义之分。从广义上讲，是指合同内容和主体发生变化；从狭义上讲，仅指合同内容的变更。从我国合同法的规定来看，合同的变更是指狭义的合同变更，即仅指合同内容的变更，而合同主体的变更则称为合同转让。

根据《合同法》第七十七条的规定，当事人协商一致，可以变更合同。合同也可以依法转让，合同转让分为权利转让、义务转让（转移）、权利和义务一并转让（概括转让）。债权人转让权利的，应当通知债务人。未经通知，该转让对债务人不发生效力。债务人将合同的义务全部或者部分转移给第三人的，应当经债权人同意。当事人一方经对方同意，可以将自己在合同中的权利和义务一并转让给第三人。

《物业管理条例》第四十条规定了物业服务企业可以把部分专项服务业务委托给专业性服务企业，但不得将该区域内的全部物业管理一并委托给他人。这里的“一并委托”实质就是合同的转让，为法律所禁止。但由于物业服务合同期长，履行过程中可能要根据形势变化修改一些内容，如物价和人力成本的增长导致物业服务企业亏本经营，这时物业服务企业可以与业主协商提高物业服务费用，这就属于合同内容的变更。变更的前提是双方协商一致，任何一方单方面变更合同都为无效。

（2）物业服务合同的解除

物业服务合同的解除是指合同有效成立之后，在合同的有效期内，依法终止合同的权利义务关系，终止合同的履行。根据合同自愿的原则，物业合同双方当事人享有自愿解除合同的权利，也可以在合同中约定一方解除物业服务合同的条件，同时物业服务企业和业主委员会、开发商经协商一致，也可以解除物业服务合同。

物业服务合同一般有明确的时间期限。物业服务合同解除的主要原因有：约定的解除合同的条件成立；合同双方当事人事后协商解除；物业服务企业被吊销资质、解散、撤销、破产等不再具备签订合同的主体资格；合同当事人违反合同的相关约定；合同服务期限届满或其他原因。

3. 物业服务合同的续约和终止

（1）物业服务合同续约

物业服务合同续约是指物业服务合同期满后，经开发商（业主委员会）与物业服务企业协商后，可以约定续约或终止合同。物业服务企业的续聘有两种情况：一种是首次业主大会召开后，对开发商聘用的物业服务企业的再次聘用；另一种是业主大会对原聘用的物业服务企业在物业管理委托期限到期后的再次聘用。对物业服务企业是否续聘，要充分考虑广大业主的意见。

（2）物业服务合同终止

物业服务合同终止是指因发生法律规定或当事人约定的情况，使当事人之间的合同权利义务归于消灭。在物业管理实践中，最常见的终止原因有：

1）物业服务合同约定的期限届满，双方没有续签合同。如果属于前期物业管理阶段，即使前期物业服务合同约定的期限没有届满，业主大会与聘请的物业服务企业签订的合同生效后，前期物业服务合同也即告终止。

2）终止协议。在物业服务合同履行的过程中，由于客观情况发生变化，物业服务企业与业主双方协商一致解除合同。

3）当事人单方违约导致合同无法正常履行或者合同无法达到预期的目标而依法解除合同。例如在物业服务过程中，业主拒不交纳物业服务费，导致物业服务不能有效进行。或是物业服务企业的服务活动不符合合同中所约定的服务标准，双方要求解除合同而使合同终止。

4）物业服务合同约定了一定的解除条件，当合同中约定的条件具备时，合同提前终止。

5）法律、法规规定的其他情形。

4. 物业服务合同的法律责任

物业服务合同法律责任主要体现为违约责任，是指物业服务合同当事人一方不履行物业服务合同义务或者履行合同义务不符合约定的，依法应当承担继续履行、采取补救措施或者赔偿损失等责任。就物业服务企业而言，违约一般出现在物业服务项目或服务质量没有达到合同约定的标准；就业主方而言，违约容易发生在拒交、少交、迟交物业服务费及其他相关费用。

物业服务合同的违约责任承担方式有以下4种：

（1）继续履约

继续履约是指业主、业主委员会或物业服务企业违约后，另一方合同当事人请求违约方继续履行未履行的物业服务合同，以实现物业服务合同的目的。

（2）采取补救措施

采取补救措施是指物业服务合同当事人一方违约，另一方有权要求违约方采取一定的补救措施予以补正违约行为，从而达到合同的预期目标。

（3）赔偿损失

赔偿损失是指物业服务合同当事人一方违约给对方造成损失时，依照法律规定或合同约定向对方赔偿损失的违约责任承担方式。赔偿损失是在物业服务合同纠纷中较常使用的救济措施，可以和其他责任形式并用，也可单独使用。

（4）违约金

违约金是指物业服务合同当事人在物业服务合同中约定的或法律规定的一方违约后应向另一方支付的赔偿金。违约金责任是物业服务合同中最为普遍、最为常见的违约责任方式。

三、物业服务合同示范文本

原建设部于2004年9月发布了《前期物业服务合同（示范文本）》。随着《物业管理条例》《中华人民共和国物权法》等相关法律法规的出台，为了进一步规范各地区的物业服务行为、维护物业服务活动中各方当事人的合法权益，全国各地区根据国家、本地区有关法律、法规和规章的规定，纷纷制定了地区物业服务合同示范文本，通过合同明确物业管理活动中双方当事人的权利和义务。下面是2010年10月正式实施的新版《北京市前期物业服务合同》和《北京市物业服务合同》示范文本。

1. 前期物业服务合同

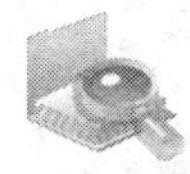

案例3—4

北京市前期物业服务合同范本

北京市前期物业服务合同

甲方（业主）：________________

【法定代表人】【负责人】：________ 国籍：________

【身份证】【护照】【营业执照注册号】【 】：________

出生日期：____年____月____日 性别：________

通信地址：________________

邮政编码：________联系电话：________

【法定代理人】【委托代理人】：________ 国籍：________

【身份证】【护照】【 】：________________

出生日期：____年____月____日 性别：________

通信地址：________________

邮政编码：________联系电话：________

乙方（建设单位）：________________

营业执照注册号：________________

房地产开发企业资质证书号：________________

组织机构代码：________________

【法定代表人】【委托代理人】：________________

通信地址：________________

邮政编码：________联系电话：________

根据《中华人民共和国合同法》《中华人民共和国物权法》《中华人民共和国消费者权益保护法》《物业管理条例》和《北京市物业管理办法》等有关法律、法规和规章的规定，在自愿、平等、公平、诚实信用的基础上，就乙方为甲方提供前期物业服务的有关事宜，协商订立本合同。

第一章　物业项目基本情况

第一条　本物业项目（以下简称“本物业”）基本情况如下：

名称：【地名核准名称】【暂定名】______________。

类型：【住宅】【办公】【商业】【】______________。

坐落位置：______区（县）______________路（街）______________。

规划建筑面积：______________米^2。

第二条　物业管理区域四至：

东至______________________________；

南至______________________________；

西至______________________________；

北至______________________________。

规划平面图和物业管理区域内的物业构成明细分别见附件一、二。

第三条　物业服务用房主要用于物业服务企业客服接待、项目档案资料保存、工具物料存放、人员值班备勤、业主大会及业主委员会办公用房等。

物业服务用房建筑面积为______________米^2，其中地上建筑面积为________米^2，位于________【号楼】【幢】【座】________层________单元________号；地下建筑面积为________米^2，位于________【号楼】【幢】【座】________层________单元________号；其中业主大会及业主委员会办公用房建筑面积为________米^2，位于____【号楼】【幢】【座】________层________单元________号（物业服务用房为多处时，双方可自行增加以上内容）。

第二章　物业服务事项、标准及有关约定

第四条　乙方指定物业服务项目负责人为________，联系电话为______________。乙方更换项目负责人的，应当于7日内在本物业管理区域内的显著位置公示。

第五条　乙方提供的前期物业服务包括以下主要内容：

1. 制订物业服务工作计划并组织实施，保管相关的工程图纸、档案与竣工验收资料等，根据法律、法规和临时管理规约的授权制订物业服务的有关制度；

2. 负责本物业管理区域内共用部位的日常维修、养护和管理（物业共用部位明细见附件三）；

3. 负责本物业管理区域内共用设施设备的日常维修、养护、运行和管理（物业共用设施设备明细见附件四）；

4. 负责共有绿地、景观的养护和管理；

5. 负责清洁卫生服务，包括物业共用部位、公共区域的清洁卫生，垃圾的收集等；

6. 负责协助维护公共秩序和协助做好安全防范工作；

7. 其他服务事项：______________________________________

____。

第六条　乙方按以下第______种方式提供住宅的前期物业服务：

1.《住宅物业服务标准》中的______级物业服务标准，详见附件五；

2. 选择《住宅物业服务标准》中不同等级的具体物业服务事项和标准，详见附件五；

非住宅的物业服务标准以及甲、乙双方约定的《住宅物业服务标准》范围以外的具体服务事项和标准，详见附件六。

第七条　经乙方委托的物业服务评估监理机构评估测算，本物业管理区域内的物业服务费标准为：【住宅】______元/米^2·月；【办公楼】______元/米^2·月；【商业物业】______元/米^2·月；【会所】______元/米^2·月；______物业______元/米^2·月。物业服务费用评估报告摘要详见附件七。

第八条　交付房屋前，乙方应当向甲方发放该套房屋的"业主一卡通"。甲方入住前，甲、乙双方与______银行签订前期物业服务费托收协议，甲方按第七条约定的物业服务费标准在"业主一卡通"内预存______个月（不超过12个月）的物业服务费。

第九条　在完成物业共用部分交接前，乙方不得向甲方收取物业服务费。但发生下列情形之一的，甲方应当缴纳物业服务费：

1. 筹备组成立满3个月未召开首次业主大会会议的；

2. 首次业主大会会议未决定解除前期物业服务合同且未确定物业管理方式的；

3. 首次业主大会会议结束后，乙方向全体业主发出书面查验通知之日起30日内未开始查验的；

4. 物业共用部分经查验符合相关标准，乙方向全体业主发出书面交接通知之日起30日内未完成交接的。

第十条　发生第九条约定情形之一的，自该情形出现之次日起，乙方可按前期物业服务费托收协议的约定，通过银行从"业主一卡通"中划转相应的物业服务费。但除非发生第九条约定的情形，否则任何一方均不得从该账户中划转任何款项。

第十一条　乙方对甲方物业专有部分提供维修养护或其他特约服务的，甲、乙双方应当签订特约服务协议，服务事项、标准及费用由双方在协议中约定。

甲方或物业使用人在符合相关法律规定的前提下，利用住宅物业从事经营活动的，乙方可按照商业物业标准收取相应的物业服务费。

第十二条　乙方接受供水、供电、供气、供热、通信、有线电视等公用事业服务单位委托代收使用费用的，不得向甲方收取手续费等额外费用，不得限制或变相限制甲方或物业使用人购买或使用。

第十三条　物业装饰装修前，甲、乙双方签订书面装饰装修服务协议，乙方应当告知甲方相关的禁止行为和注意事项，并将装饰装修的时间、地点等情况在甲方所在楼内公示。除约定收取【装修管理费】____元、【装修保证金】____元、【装修垃圾清运费】____元、【　　】____元外，乙方不得另行收取其他任何费用。如收取装修保证金的，未造成共用部位、共用设施设备或承重结构损坏，乙方应当在完工后7日内将装修保证金全额退还甲方。

第十四条 在前期物业管理期间，甲方转让或出租其物业时，应当将本合同、临时管理规约以及有关费用缴纳情况等事项告知受让人或承租人，并自买卖合同或租赁合同签订之日起15日内，将买卖或出租情况告知乙方。甲方转让物业前，应当与乙方结清相关费用。

第三章 权利与义务

第十五条 甲方的权利义务：

1. 有权要求乙方按合同约定提供物业服务；

2. 监督乙方履行本合同，对乙方提供的物业服务有建议、督促的权利；

3. 对本物业管理区域内专项维修资金的使用及物业共用部分的经营收益和使用情况，享有知情权和监督权；

4. 遵守临时管理规约以及物业管理区域内物业共用部分的使用、公共秩序和环境卫生的维护等方面的规章制度；

5. 按照国家和本市有关规定缴纳专项维修资金；

6. 根据本合同的约定缴纳物业服务费和特约服务费；

7. 对乙方根据合同和有关规章制度提供的管理服务给予必要配合；

8. 有关法律规定和当事人约定的其他权利义务。

第十六条 乙方的权利义务：

1. 可自行或选聘物业服务企业提供物业服务，并承担物业服务责任。

2. 按本合同约定的物业服务事项和标准提供物业服务。

3. 妥善保管和正确使用本物业的档案资料，及时记载有关变更信息，不得将业主信息用于物业管理活动之外的其他用途。

4. 及时向全体业主和物业使用人通报本物业管理区域内有关物业服务的重大事项，及时处理甲方和物业使用人的投诉，接受甲方和物业使用人的监督。

5. 对甲方和物业使用人违反本合同和临时管理规约的行为，采取告知、劝阻和向有关主管部门报告等方式督促甲方和物业使用人改正。

6. 不得擅自占用本物业管理区域内的共用部分或擅自改变其使用用途。不得擅自将业主所有的共用部分用于经营活动。不得擅自占用、挖掘本物业管理区域内的道路、场地，确需临时占用、挖掘本物业管理区域内道路、场地的，应当按规定办理相关手续，制订施工方案，开工前要在物业管理区域内公示，施工过程中尽可能减少对业主的影响，并及时恢复原状。

7. 乙方实施锅炉、电梯、电气、制冷以及有限空间、高空等涉及人身安全的作业，应当具备相应资质或委托具备相应资质的单位实施，委托其他单位实施的，应当明确各自的安全管理责任。

8. 有关法律规定和当事人约定的其他权利义务。

第四章 合同终止

第十七条 业主大会成立并确定物业管理方式后，与乙方完成物业共用部分查验交接的，自完成查验交接之日起，本合同终止。

第十八条 本合同终止时，甲、乙双方应当共同做好交接事宜，包括物业服务费用的清算、对外签订的各种协议的执行、物业共用部分查验交接以及移交相关档案资料等，见附件八。

第五章 违约责任

第十九条 甲、乙双方对物业服务质量发生争议的，双方可共同委托物业服务评估监理机构就乙方的物业服务质量是否符合本合同第六条约定的服务标准进行评估；乙方服务达不到本合同第六条约定的服务内容和标准的，应当承担采取补救措施或赔偿损失等违约责任。

除不可预见的情况外，乙方擅自停水、停电的，甲方有权要求乙方限期解决，乙方应当承担相应的民事责任。

第二十条 乙方违反本合同第七条的约定，擅自提高物业服务费标准，甲方和物业使用人就超额部分有权拒绝缴纳，同时乙方应当按____________的标准向甲方支付违约金。

第二十一条 如果乙方违反本合同第十六条第3款的约定，擅自将甲方信息用于物业管理活动之外的，应当按____________的标准向甲方支付违约金，如违约金数额不足以弥补甲方所遭受的直接损失的，乙方应当补足。

第二十二条 甲方违反第十一条的约定，或在“业主一卡通”中预存的费用不足以支付物业服务费，经乙方书面催缴后甲方仍未续缴的，甲方应当按____________的标准向乙方支付违约金。

甲方违反本合同的约定，实施妨害物业服务行为的，应当承担恢复原状、停止侵害、排除妨碍等相应的民事责任。

第二十三条 除本合同另有约定外，甲、乙双方可以结合具体情况对违约责任进行补充，见附件九。任何一方的违约行为给他方造成损失的，均应当承担相应的赔偿责任。

第二十四条 因不可抗力致使合同部分或全部无法履行的，根据不可抗力的影响，部分或全部免除责任。

第二十五条 为维护公共利益，在不可预见情况下，如发生煤气泄漏，漏电，火灾，暖气管、水管破裂，协助公安机关执行任务等突发事件，乙方因采取紧急避险措施造成损失的，应当按有关规定处理。

第二十六条 乙方有确凿证据证明属于以下情况的，可免于承担违约责任：

1. 由于甲方或物业使用人自身的责任导致乙方的服务无法达到合同约定的；

2. 因维修养护本物业管理区域内的共用部位、共用设施设备需要且事先已告知甲方或物业使用人，暂时停水、停电、停止共用设施设备使用等造成损失的；

3. 非乙方责任出现供水、供电、供气、供热、通信、有线电视及其他共用设施设备运行障碍造成损失的。

第六章 争议解决

第二十七条 合同履行过程中发生争议的，双方可通过协商解决或向物业所在地物业纠纷人民调解委员会申请调解解决；不愿协商、调解或协商、调解不成的，可按以下方式解决：

1. 向__________人民法院提起诉讼；

2. 向__________仲裁委员会申请仲裁。

第七章 附则

第二十八条 本合同经双方签字（盖章）后生效。

第二十九条 合同正本连同附件一式______份，甲方、乙方______各执一份，具有同等法律效力。

第三十条 其他约定：____。

甲方： 乙方：

委托代理人： 委托代理人：

年 月 日 年 月 日

附件：一、规划平面图（略）

二、物业构成明细（略）

三、物业共用部位明细（略）

四、物业共用设施设备明细（略）

五、物业服务事项和标准（略）

六、其他服务事项和标准（略）

七、物业服务费用评估报告摘要（略）

八、移交资料清单（略）

九、违约责任约定（略）

2. 物业服务合同

案例3—5

北京市物业服务合同范本

北京市物业服务合同

甲方（业主）：____________________

【法定代表人】【负责人】：__________ 国籍：________

【身份证】【护照】【营业执照注册号】【 】：__________

出生日期：_____年____月____日 性别：__________

第三章

通信地址：________________________

邮政编码：__________ 联系电话：__________

【法定代理人】【委托代理人】：________ 国籍：________

【身份证】【护照】【 】：____________________

出生日期：____年____月____日 性别：__________

通信地址：________________________

邮政编码：__________ 联系电话：__________

乙方（建设单位）：______________

营业执照注册号：____________________

房地产开发企业资质证书号：__________

组织机构代码：____________________

【法定代表人】【委托代理人】：______________

通信地址：________________________

邮政编码：__________ 联系电话：__________

根据《中华人民共和国合同法》《中华人民共和国物权法》《中华人民共和国消费者权益保护法》《物业管理条例》及《北京市物业管理办法》等有关法律、法规和规章的规定，在自愿、平等、公平、诚实信用的基础上，就乙方为甲方提供前期物业服务的有关事宜，协商订立本合同。

第一章　物业项目基本情况

第一条　本物业项目（以下简称“本物业”）基本情况如下：

名称：【地名核准名称】【暂定名】__________。

类型：【住宅】【办公】【商业】【 】__________。

坐落位置：______区（县）__________路（街）________。

规划建筑面积：______________米^2。

第二条　物业管理区域四至：

东至________________________；

南至________________________；

西至________________________；

北至________________________。

规划平面图和物业管理区域内的物业构成明细分别见附件一、二。

第三条　物业服务用房主要用于物业服务企业客服接待、项目档案资料保存、工具物料存放、人员值班备勤、业主大会及业主委员会办公用房等。

物业服务用房建筑面积为________米^2，其中地上建筑面积为________米^2，位于________【号楼】【幢】【座】________层________单元________号；地下建筑面积为____________米^2，位于________【号楼】【幢】【座】________层________

单元________号；其中业主大会及业主委员会办公用房建筑面积为________米^2，位于________【号楼】【幢】【座】________层________单元________号（物业服务用房为多处时，双方可自行增加以上内容）。

第二章 物业服务事项、标准及有关约定

第四条 乙方指定物业服务项目负责人为________，联系电话为____________。乙方更换项目负责人的，应当于__________7日内在本物业管理区域内的显著位置公示。业主共同决定要求更换项目负责人的，乙方应当于30日内更换。

第五条 物业服务期限为____年，自______年____月____日至____年____月____日。

第六条 乙方提供的物业服务包括以下主要内容：

1. 制订物业服务工作计划并组织实施，保管相关的工程图纸、档案与竣工验收资料等，根据法律、法规和管理规约的授权制订物业服务的有关制度；

2. 负责本物业管理区域内共用部位的日常维修、养护和管理（物业共用部位明细见附件三）；

3. 负责本物业管理区域内共用设施设备的日常维修、养护、运行和管理（物业共用设施设备明细见附件四）；

4. 负责共有绿地、景观的养护和管理；

5. 负责清洁卫生服务，包括物业共用部位、公共区域的清洁卫生，垃圾的收集等；

6. 负责协助维护公共秩序和协助做好安全防范工作；

7. 其他服务事项：____。

第七条 乙方按以下第______种方式提供住宅的物业服务：

1.《住宅物业服务标准》中的______级物业服务标准，详见附件五；

2. 选择《住宅物业服务标准》中不同等级的具体物业服务事项和标准，详见附件五；

非住宅的物业服务标准以及甲、乙双方约定的《住宅物业服务标准》范围以外的具体服务事项和标准，详见附件六。

第八条 乙方对业主物业专有部分提供维修养护或其他特约服务的，应当与业主签订特约服务协议，服务事项、标准及费用由双方在协议中约定。

第九条 乙方接受供水、供电、供气、供热、通信、有线电视等公用事业服务单位委托代收使用费用的，不得向业主收取手续费等额外费用，不得限制或变相限制业主或物业使用人购买或使用。

第十条 物业装饰装修前，乙方与业主签订书面装饰装修服务协议，乙方应当告知相关的禁止行为和注意事项，并将装饰装修的时间、地点等情况在业主所在楼内公示。除约定收取【装修管理费】______元、【装修保证金】______元、【装修垃圾清运费】______元、【　　　】______元外，乙方不得另行收取其他任何费用。如收取装修保证金的，未造成共用部位、共用设施设备或承重结构损坏，乙方应当在完工后7日内将装修保证金全额退还业主。

第十一条 业主转让或出租其物业时，应当将本合同、管理规约以及有关费用缴纳情况等事项告知受让人或者承租人，并自买卖合同或租赁合同签订之日起15日内，将买卖或者出租情况告知乙方。业主转让物业前，应当与乙方结清相关费用。

第三章 物业服务收费

第十二条 本物业管理区域物业服务收费方式为：【包干制】【酬金制】。

第十三条 包干制

1. 物业服务费由业主按其拥有物业的建筑面积缴纳，具体标准如下：

【多层住宅】______________元/米^2·月；

【高层住宅】______________元/米^2·月；

【别墅】______________元/米^2·月；

【办公楼】______________元/米^2·月；

【商业物业】______________元/米^2·月；

【会所】______________元/米^2·月；

________物业______________元/米^2·月。

物业服务费主要用于以下开支：

（1）管理服务人员的工资、社会保险和按规定提取的福利费等；

（2）物业共用部位、共用设施设备的日常运行、维护费用；

（3）物业管理区域内清洁卫生费用；

（4）物业管理区域内绿化养护费用；

（5）物业管理区域内秩序维护费用；

（6）办公费用；

（7）物业服务企业固定资产折旧；

（8）物业共用部位、共用设施设备及公众责任保险费用；

（9）法定税费；

（10）物业服务企业的利润；

（11）__________________________________。

2. 实行包干制的，盈余或亏损均由乙方享有或承担；乙方不得以亏损为由，要求增加费用、降低服务标准或减少服务内容。

第十四条 酬金制

1. 物业服务资金由业主按其拥有物业的建筑面积预先缴纳，具体标准如下：

【多层住宅】______________元/米^2·月；

【高层住宅】______________元/米^2·月；

【别墅】______________元/米^2·月；

【办公楼】______________元/米^2·月；

【商业物业】______________元/米^2·月；

【会所】__________________元/米^2·月；

________物业__________元/米^2·月。

预收的物业服务资金由物业服务支出和乙方的酬金构成。

物业服务支出包括以下部分：

(1) 管理服务人员的工资、社会保险和按规定提取的福利费等；

(2) 物业共用部位、共用设施设备的日常运行、维护费用；

(3) 物业管理区域内清洁卫生费用；

(4) 物业管理区域内绿化养护费用；

(5) 物业管理区域内秩序维护费用；

(6) 办公费用；

(7) 物业服务企业固定资产折旧；

(8) 物业共用部位、共用设施设备及公众责任保险费用；

(9) ____。

2. 乙方采取以下第______种方式提取酬金：

(1) 乙方按【每月】【每季】【每年】____________元的标准从预收的物业服务资金中提取；

(2) 乙方【每月】【每季】【每年】按应收的物业服务资金________%的比例提取。

3. 物业服务支出应当全部用于本合同约定的支出，年度结算后结余部分，转入下一年度继续使用；年度结算后不足部分，由全体业主承担，另行缴纳。

第十五条　乙方应当按价格主管部门的规定，将服务内容、服务标准、收费项目、收费标准等有关情况在物业管理区域内显著位置公示。

乙方应当于每年第一季度公示上一年度物业服务合同履行情况、物业服务项目收支情况、本年度物业服务项目收支预算。业主共同决定或业主委员会要求对物业服务项目收支情况进行审计的，乙方应当予以配合。

第十六条　业主在符合相关法律规定的前提下，利用住宅物业从事经营活动的，乙方可按商业物业标准收取相应的物业服务费。

第四章　权利与义务

第十七条　甲方的权利义务：

1. 有权要求乙方按合同约定提供物业服务；

2. 监督乙方履行本合同，对乙方提供的物业服务有建议、督促的权利；

3. 有权提议召开业主大会会议，监督业主委员会工作；

4. 参加业主大会会议和选举业主委员会成员，享有选举权和被选举权；

5. 对本物业管理区域内专项维修资金的使用及物业共用部分的经营收益和使用情况，享有知情权和监督权（关于物业共用部分经营、收益的约定见附件七）；

6. 遵守管理规约以及物业管理区域内物业共用部分的使用、公共秩序和环境卫生的维护等方面的规章制度；

7. 按国家和本市有关规定缴纳专项维修资金；

8. 按有关规定及本合同约定缴纳物业服务费和特约服务费；

9. 对乙方根据合同和有关规章制度提供的管理服务给予必要配合；

10. 有关法律规定和当事人约定的其他权利义务。

第十八条 乙方的权利义务：

1. 根据有关法律、法规规定和合同约定，收取物业服务费、特约服务费。

2. 按本合同约定的物业服务事项和标准提供物业服务。

3. 妥善保管和正确使用本物业的档案资料，及时记载有关变更信息，不得将业主信息用于物业管理活动之外的其他用途。

4. 及时向全体业主和物业使用人通报本物业管理区域内有关物业服务的重大事项，及时处理业主和物业使用人的投诉，接受业主和物业使用人的监督。

5. 对业主和物业使用人违反本合同和管理规约的行为，采取告知、劝阻和向有关主管部门报告等方式督促业主和物业使用人改正。

6. 不得擅自占用本物业管理区域内的共用部分或擅自改变其使用用途。不得擅自将业主所有的共用部分用于经营活动。不得擅自占用、挖掘本物业管理区域内的道路、场地，确需临时占用、挖掘本物业管理区域内道路、场地的，应当按规定办理相关手续，制订施工方案，开工前要在物业管理区域内公示，施工过程中尽可能减少对业主的影响，并及时恢复原状。

7. 可将本物业管理区域内的专项服务委托给专业性服务企业，但不得将全部物业服务一并委托给其他单位或个人。乙方应当将委托事项及受托企业的信息在物业管理区域内公示。乙方与受托企业签订的合同中约定的服务标准，不得低于本合同约定。乙方应当对受托企业的服务行为进行监督，并对受托企业的服务行为承担责任。

8. 乙方实施锅炉、电梯、电气、制冷以及有限空间、高空等涉及人身安全的作业，应当具备相应资质或委托具备相应资质的单位实施，委托其他单位实施的，应当明确各自的安全管理责任。

9. 有关法律规定和当事人约定的其他权利义务。

第五章 合同终止

第十九条 任何一方决定在本合同期限届满后不再续约的，均应当在期满3个月前书面通知对方。

第二十条 本合同期限届满前，甲方决定继续聘用乙方的，应当在期满前3个月书面通知乙方；乙方自接到续约通知1个月内回复甲方。

第二十一条 本合同终止后尚未有新的物业服务企业承接的，乙方应当继续按本合同的约定提供服务6个月，在此期间的物业服务费按本合同约定的标准缴纳。

第二十二条　本合同终止后，甲乙双方应当共同做好交接事宜，包括物业服务费的清算、对外签订的各种协议的执行、物业共用部分查验交接以及移交相关档案资料等，见附件八。

第六章　违约责任

第二十三条　甲、乙双方对物业服务质量发生争议的，双方可共同委托物业服务评估监理机构就乙方的物业服务质量是否符合本合同约定的服务标准进行评估；乙方管理服务达不到本合同约定的服务内容和标准的，应当承担采取补救措施或赔偿损失等违约责任。

除不可预见的情况外，乙方擅自停水、停电的，甲方有权要求乙方限期解决，乙方应当承担相应的民事责任。

甲、乙双方均不得提前解除本合同，否则解约方应当承担相应的违约责任；造成损失的，解约方应当承担相应的赔偿责任。

第二十四条　乙方违反本合同第十三条、第十四条的约定，擅自提高物业服务费标准的，业主和物业使用人就超额部分有权拒绝缴纳，同时乙方应当按__________的标准向业主支付违约金。

第二十五条　乙方在本合同期限内擅自停止物业服务的，甲方可要求乙方继续履行，采取补救措施，并应当按__________的标准向甲方支付违约金；前述行为给业主造成损失的，乙方应当赔偿相应的损失。乙方在本合同终止后拒不撤出本物业管理区域的，甲方有权要求乙方按时撤出物业管理区域，并应当按__________的标准向甲方支付违约金；前述行为给业主造成损失的，乙方应当赔偿相应的损失。

第二十六条　乙方违反本合同第十八条第3款的约定，擅自将业主信息用于物业管理活动之外的，应当按__________的标准向业主支付违约金，如违约金数额不足以弥补业主所遭受的直接损失的，乙方应当补足。

第二十七条　业主违反本合同第十三条、第十四条、第十六条约定，经乙方书面催缴，未能按时足额缴纳物业服务费，应当按__________的标准向乙方支付违约金。

业主违反本合同的约定，实施妨害物业服务行为的，应当承担恢复原状、停止侵害、排除妨碍等相应的民事责任。

第二十八条　除本合同另有约定外，甲、乙双方可以结合具体情况对违约责任进行补充，见附件九。任何一方的违约行为给他方造成损失的，均应当承担相应的赔偿责任。

第二十九条　因不可抗力致使合同部分或全部无法履行的，根据不可抗力的影响，部分或全部免除责任。

第三十条　为维护公共利益，在不可预见情况下，如发生煤气泄漏，漏电，火灾，暖气管、水管破裂，协助公安机关执行任务等突发事件，乙方因采取紧急避险措施造成损失的，应当按有关规定处理。

第三十一条　乙方有确凿证据证明属于以下情况的，可免于承担违约责任：

1. 由于业主或物业使用人自身的责任导致乙方的服务无法达到合同约定的；

2. 因维修养护本物业管理区域内的共用部位、共用设施设备需要且事先已告知业主或物业使用人，暂时停水、停电、停止共用设施设备使用等造成损失的；

3. 非乙方责任出现供水、供电、供气、供热、通信、有线电视及其他共用设施设备运行障碍造成损失的。

第七章　争议解决

第三十二条　合同履行过程中发生争议的，双方可通过协商解决或向物业所在地物业纠纷人民调解委员会申请调解的方式解决；不愿协商、调解或协商、调解不成的，可按以下方式解决：

1. 向____________人民法院提起诉讼；

2. 向____________仲裁委员会申请仲裁。

第八章　附则

第三十三条　本合同经双方签字（盖章）后生效。

第三十四条　本合同正本连同附件一式________份，甲方、乙方、______各执一份，具有同等法律效力。

第三十五条　其他约定：____。

甲方：　　　　　　　　　　　　　乙方：

委托代理人：　　　　　　　　　　委托代理人：

年　月　日　　　　　　　　　　　年　月　日

附件：一、规划平面图（略）

二、物业构成明细（略）

三、物业共用部位明细（略）

四、物业共用设施设备明细（略）

五、物业服务事项和标准（略）

六、其他服务事项和标准（略）

七、物业共用部分的经营收益约定（略）

八、移交资料清单（略）

九、违约责任约定（略）

模拟实训

宜居公司获得金悦世纪花园项目物业管理权后，物业招标方必须在规定时间内与中标单位签订物业服务合同。金悦世纪花园招标小组需尽快编制物业服务合同。

一、编制物业服务合同

宜居公司与金悦世纪花园项目即将签订物业服务合同，请根据北京市物业服务合同示范文本的主要内容，将合同中“物业项目基本情况、物业服务事项、标准及有关约定、物业服务收费”进行详细考虑，并将基本的信息进行资料的汇总和整理，以便在与招标方签订合同的时候，作为参考的标准和依据。

1. 了解物业项目基本情况

根据招标文件中的详细内容，补充完整物业项目的基本情况，填入表 3—5，完成物业项目基本情况的统计，为核准物业服务合同的内容做参考依据。

表 3—5 物业项目基本情况

物业项目名称	
类型	□住宅 □办公 □商业 □其他类型：
坐落位置	省 市 区（县） 路（街）
建筑规划面积	米²
物业管理区域四至	东至：
	西至：
	南至：
	北至：
物业服务用房	物业服务用房建筑面积为_____米²，其中地上建筑面积为_______米²，位于______【号楼】【幢】【座】_______层_______单元_______号；地下建筑面积为_________米²，位于_______【号楼】【幢】【座】_______层_______单元_______号
业主大会业主委员会办公用房	建筑面积为_______米²，位于_________【号楼】【幢】【座】_______层_______单元_______号

2. 明确物业服务事项、标准及有关约定

为了明确在物业服务合同中关于物业服务事项、标准等相关内容的约定，整理相关资料，进行档案备份记录，合同中需明确下列事项：

（1）物业服务项目负责人为：________，联系电话：________。

（2）物业服务期限为____年，自____年____月____日至____年____月____日。

（3）根据物业投标书的内容补充完整金悦世纪花园项目中宜居公司所提供的物业服务项目及主要工作内容，将表3—6填写完整。

表3—6　物业服务项目及主要工作内容

物业服务项目	主要工作内容
1.	
2.	
3.	
4.	
5.	
6.	

（4）按以《住宅物业服务标准》中的____级物业服务标准，提供住宅的物业服务；非住宅的物业服务标准以及甲、乙双方约定的《住宅物业服务标准》范围以外的具体服务事项和标准另作说明。

3. 确定物业服务收费事宜

根据投标书中关于物业服务费用的内容，确定下列信息：

（1）本物业管理区域物业服务收费方式为：□包干制　□酬金制。

（2）物业服务费由业主按其拥有物业的建筑面积缴纳。具体标准：________物业________元/米^2·月。

（3）明确物业服务费主要开支项目：管理服务人员的工资、社会保险和按规定提取的福利费等；物业共用部位、共用设施设备的日常运行、维护费用；物业管理区域内清洁卫生费用；物业管理区域内绿化养护费用；物业管理区域内秩序维护费用；办公费用；物业服务企业固定资产折旧；物业共用部位、共用设施设备及公众责任保险费用；法定税费；物业服务企业的利润；________。

（4）实行包干制的，盈余或亏损均由______享有或承担；______不得以亏损为由，要求增加费用、降低服务标准或减少服务内容。

(5) 采取酬金制服务收费方式时，与包干制的区别及服务标准差异之处，特别要明确的是项目的收费标准：________物业________元/米^2·月，预收的物业服务资金的用途。

(6) 明确物业服务企业采取以下第______种方式提取酬金：

1) 物业服务企业按【每月】【每季】【每年】____________元的标准从预收的物业服务资金中提取；

2) 物业服务企业【每月】【每季】【每年】按应收的物业服务资金________%的比例提取。

将以上信息收集完整后，提交给经理，作为与金悦世纪花园招标方签订物业服务合同的基本依据和标准，可以避免在签订合同时产生不必要的纠纷与矛盾。

二、签订物业服务合同

宜居公司与金悦世纪花园项目招标小组，对前期物业服务合同的内容条款、格式、签订时间进行商榷后，由金悦世纪花园项目招标小组正式制定了《金悦世纪花园项目前期物业服务合同》，并约定了相应的合同签订时间。作为本次投标项目的委托人宜居公司的代表，经理与金悦世纪花园项目招标小组签订了为期 5 年的物业服务合同，双方正式确立了物业服务管理合作关系。

三、物业服务合同的管理

宜居公司在签订《金悦世纪花园项目前期物业服务合同》后，根据合同的约定，委派前期物业服务人员驻项目服务中心，开始物业服务工作。小武作为项目的前期人员，负责物业服务合同的管理，包括服务合同执行情况的监督与管理、合同变更等工作。

思考与练习

1. 物业服务合同的主要内容有哪些？
2. 签订物业服务合同应注意哪些事项？
3. 对物业服务合同如何规范管理？
4. 在什么情况下物业服务合同可以解除？

第3节 物业管理招投标争议解决

学习目标

掌握物业管理招投标中常见的争议的内容；熟练运用物业管理招投标的各种争议解决方式；会处理物业管理招投标中常见的纠纷。

一、物业管理招投标争议

物业管理招投标争议是指物业管理招投标当事主体在招投标活动中，因招投标程序、人身财产权益或其他法律关系所发生的对抗冲突。

物业管理招投标当事主体包括民事主体和行政主体。民事主体主要是指招标人、投标人、招标代理机构，行政主体指国家机关及其授权机构。

物业管理招投标争议按纠纷所属法律关系划分，可分为物业管理招投标民事争议、行政争议和刑事争议3种类型。

1. 物业管理招投标中常见的民事争议

物业管理招投标民事争议是指民事主体之间的争议，主要是指招标投标活动当事民事主体因没有依法行使权利、履行义务或对其他当事主体的利益造成损害而发生的争议。物业管理招投标民事争议主要包括对招标文件、招标过程、评标过程、中标结果、物业服务合同等方面。

(1) 招标文件争议

物业管理招标文件是开展物业管理招投标的重要依据和标准，有关招标文件相关规定的争议内容主要有以下方面：

1) 招标文件以不合理的资格条件限制潜在投标人投标或明显倾向个别投标人（根据招投标法的相关规定，招标人不得以不合理的条件限制或排斥潜在的投标人，不得对潜在的投标人实行歧视待遇）。

2) 招标文件出现专有技术、专利产品、特定品牌等倾向性内容或技术规格明显有利于个别投标人的。

3) 招标文件中的评标办法不科学、不公平。

4) 招标文件商务条款具有倾向性、歧视性或设置不合理。

5) 政府采购项目没有体现对于中小企业、节能环保产品和民族产业的优先和支持政策。

6) 招标文件有其他违法违规情形。

（2）招标过程争议

1）公开披露信息内容及其方式的争议，具体包括对资格预审公告、招标公告、更正通知、中标结果等必须公开披露信息的发布媒体、公告（示）期、公告（示）内容等的争议。

2）资格预审和招标文件发售的争议，包括发售时间、售价、购买的条件等。

3）投标文件递交和开标过程的争议，包括投标文件递交时间和递交过程、投标截止时间、投标文件的密封情况、投标文件的开封过程、唱标内容和开标结果的确认等。

4）评标过程的争议，包括评标委员会的组建方式、专家数量、专家回避情况、评标中的澄清和评审过程等。

5）具体操作的争议，包括招标过程中工作人员的工作方式、服务态度等。

6）招标过程其他环节的争议。

（3）评标过程争议

1）没有按照招标文件规定的评标办法和评标标准评标。

2）对投标人实行区别对待。

3）对评标中的事实认定错误。

4）评标中的具体判定、评标价格和评标分数计算错误等。

5）招标人、招标代理机构、评标委员会成员及其他投标人在投标中有违法行为影响中标结果。

（4）中标结果争议

中标有效性的争议多是针对物业管理招标评标工作人员的职业操守和投标人员的诚实信用。常见的争议主要有以下情况：

1）中标候选人未经公示或公示时间、方式不符合法律规定。

2）未在法律规定的期限内确定中标人。

3）在评标委员会推荐的中标候选人之外确定中标人。

4）国有资金控股或者占主导地位的依法必须进行招标的项目，未按照中标候选人排序确定中标人。

5）招标工作人员、评标工作人员未能严守职业操守，向投标企业透露招标过程的有关保密情况，违反诚实信用的原则。

6）投标人存在弄虚作假、串通报价、故意压价、恶性竞争等相关违法行为。

（5）招标过程其他民事侵权争议

1）投标人财产权受到招标人侵害。如无故延迟或拒绝退还投标人递交的投标保证金及利息；无故拒绝兑现应支付给投标人的补偿金；招标人终止招标，不及时退还所收取的资格预审文件、招标文件的费用等。

2）投标人知识产权受到招标人或其他投标人侵害。如招标人以某投标人的专利技术作为招标文件技术要求，其他投标人以某投标人专利技术投标，招标人未经许可擅自采用未中标投标人的技术成果。

3）投标人合同权益受到侵害。如投标人中标后，招标人拒签合同或要求对投标内容作实质性修改。

4）投标人或其他利害关系人在投标活动中损害其他投标人或其他利害关系人利益。

5）其他民事侵权行为。

（6）有关物业服务合同的争议

有关物业服务合同的争议通常包括谈判和签订委托管理合同阶段招标方与投标方之间所发生的争议，以及合同签订之后招标投标双方在履行义务期间所发生的争议。

1）合同谈判期间的争议。招标投标双方在签订合同之前仍需经历谈判阶段。此时，其谈判重点集中在一些关键性条款上，如标价、服务内容等。双方都是在为争取自身利益作最后努力，甚至一些违规行为也会出现。例如，业主委员会可能会要求中标公司降低收费，可能会修改原合同规定的服务内容，甚至会要求增加服务量；同样，这种情况也可能会发生在物业管理公司身上。此时，矛盾冲突显得尤为激烈，争议主要体现为双方对合同有关条款修改变更的不同主张。

2）合同履行期间的争议。这一时期的争议体现为一方与另一方在履行已签订的合同条款方面存在认定差异，主要是双方在合同履行的方式、时间等方面的认识偏差。

（7）承担民事责任方式

根据我国民法的相关规定，在民事纠纷处理中当事人承担民事责任的方式有以下 10 种：停止侵害，排除障碍，消除危险，返还财产，恢复原状，修理、重作、更换，赔偿损失，支付违约金，消除影响、恢复名誉，赔礼道歉。

2. 物业管理招投标中常见的行政争议

物业管理招投标行政争议是招标投标民事主体和行政主体之间的争议，主要指行政监督部门在实施行政监督过程中，其行政行为与招标投标当事主体发生矛盾、冲突而引起的争议。常见的行政争议有以下 4 种：

（1）建设单位、业主委员会、业主大会在物业招投标过程中，不按时限完成物业招投标相关工作而与行政主管部门产生的争议。例如，不提交物业行政主管部门备案，不按规定时间与中标单位签订合同导致中标无效等。

（2）新建物业的建设单位未向行政主管部门申请，私自采取协商的方式选聘物业服务企业，对相关部门责令整改的决定不服而产生的争议等。

（3）行政主管部门对在招投标过程中的违法违规行为做出的行政处罚产生的争议。

（4）行政主管部门非法干涉物业服务企业正常的招投标活动或对招投标过程中的行政违法行为不作为而产生的争议。

3. 物业管理招投标中常见的刑事争议

物业管理招投标刑事争议是指个人和法人的行为触犯刑事法规而引起的争议。物业服务投标企业之间为了争夺项目的物业服务权导致恶性竞争而触犯法律的行为，须追究刑事责任，应按照刑法进行刑事处罚。常见的刑事争议有以下 3 种：

(1) 人身伤害行为

一般是物业服务投标企业为了取得服务权，恶意伤害其他投标企业成员等人身伤害行为。

(2) 盗窃商业秘密

一般是物业服务投标企业为了获取竞争企业的秘密数据，如投标报价、物业服务方案等，采取非法的手段盗取商业秘密的行为。

(3) 恶意诋毁对方商业信誉

在招投标竞争的过程中，有些投标企业为了达到中标的目的，采取恶劣的手段和方法诋毁对方的商业信誉，制造事端抹黑竞争对手的行为。

二、物业管理招投标争议的解决方式

物业管理招投标争议主要有 3 种：一是发生在平等民事主体（物业服务企业、业主、业主委员会、招标代理机构）之间的民事争议；二是发生在政府活动中（物业服务企业与行政主管单位）的行政争议；三是招投标活动当事人因触犯刑法而引起的刑事争议。不同类型的争议有不同的解决方式。

1. 民事争议的解决方式

(1) 协商

协商是指物业招投标活动中，民事当事人在争议发生后，本着平等互利、协商一致的原则，对发生的争议商议解决的方式。双方进行协商必须是建立在平等自愿的原则基础之上，这种方式不需要第三人或其他任何部门的介入，有利于节约成本；同时，这种处理方式建立在各方协商一致的基础上，有利于修复争议各方的关系，使之长期友好相处，从而有利于从根本上解决争议，有利于物业管理招投标活动的正常进行。

(2) 调解

调解是指在物业招投标活动中发生争议时，各方当事人在第三方的主持下进行协商处理，在自愿、合法原则下提出解决争议的方案并自愿达成协议，从而解决纠纷的方式。物业管理招投标争议的调解包括民事调解和行政调解，前者是在非官方的第三人的主持下进行的，比如居委会等；而后者则是在官方的主持下进行的，比如物业管理协会、房地产行政主管部门等。但是，在当事人一方对物业管理招投标民事争议的调解结果反悔时，此调解不具有法律强制执行力。

(3) 民事仲裁

民事仲裁是指物业管理招投标争议当事人根据所订立的仲裁协议，自愿将其争议提交由非官方身份的仲裁员组成的仲裁庭进行裁判，并受该裁判约束的一种制度。仲裁活动和法院的审判活动一样，关乎当事人的实体权益，是解决民事争议的方式之一。仲裁程序本着意思自治、以事实为依据、独立公正及一裁终局的原则，对当事人申请的民事纠纷进行裁决。目前，我国的仲裁委员会在各省、自治区、直辖市人民政府所在地设立，根据需要在其他设区的市设立，应当说这种安排非常有利于仲裁的执行。

当事人在申请了仲裁之后，仍可自行和解或由仲裁庭进行调解。若调解不成，则仲裁庭应及时予以裁决。裁决书一经做出即刻生效。当事人若就同一纠纷再申请仲裁或向人民法院起诉的，仲裁委员会或人民法院不予受理。当事人应当履行仲裁裁决，一方当事人不履行的，另一方当事人可以依照《民事诉讼法》的有关规定向人民法院申请执行。若仲裁裁决被法院撤销或者不予执行，当事人可以重新达成仲裁协议申请仲裁，也可向法院起诉。

（4）民事诉讼

民事诉讼是指人民法院在所有诉讼参与人的参加下，审理和解决民事案件的诉讼活动以及在活动中产生的各种法律关系的总和。民事诉讼是当事人解决民事纠纷的最后途径。当事人可选择对该争议具有管辖权的人民法院提出起诉。

无论协商、调解、仲裁还是诉讼，均应贯彻合法公正的原则，即以事实为根据，以法律为准绳。由于物业管理法规规章不健全，实践中应注重民法、房地产管理法、合同法等一般法律与物业管理专门法规及地方性法规规章的衔接，并依据宪法处理好法条竞合和冲突的解决；同时，在诉讼或仲裁活动中，对业主、业主大会、业主委员会的代表地位和诉权、请求权行使要有明确的认知，处理好单个业主的意见与小区业主意志的关系，确认业主委员会在物业管理纠纷中的代表地位，以便及时处理纠纷、理顺关系，建立良好的物业管理权利义务关系。

2. 行政争议的解决方式

行政争议是指行政管理相对人（物业管理招投标活动的参与者）对行政机关在物业管理招投标活动中做出的具体行政行为不服而引起的冲突。对于这种争议，依据我国行政诉讼法及相关法律进行裁决。

（1）行政复议

行政复议是指物业管理招投标的民事主体认为招投标行政监督部门的行政行为违法，而向行政复议机关（行政监督部门的本级人民政府或上一级主管部门）提出对行政监督部门的行政行为（包括行政不作为）做出行政处理的一种制度。它本着合法、及时、准确、便民的原则，保护公民、法人和其他组织的合法权益，同时维护和监督行政机关依法行使职权。

行政复议决定的做出必须制作复议决定书，并由复议机关的法定代表人签字，加盖复议机关的印章。复议决定书一经送达即发生法律效力，当事人必须立即履行。如果当事人对复议决议不服，可自收到复议决定书之日起 15 日内向人民法院提起行政诉讼。若当事人逾期不起诉又不履行复议决定，对维持原具体行政行为的复议决定，由做出具体行政行为的行政机关请求人民法院强制执行。

（2）行政诉讼

行政诉讼是指公民、法人或者其他组织认为行政机关或法律、法规授权的组织的行政行为侵犯其合法权益，通过向人民法院提起行政诉讼来解决。物业管理招投标行政诉讼是指物业管理招投标的民事主体认为招投标行政监督部门的行政行为违法，向有管辖权的人民法院请求通过审判方式审查行政行为的合法性以解决行政争议的一种制度。物业管理招投标争议提起的行政诉讼，由物业管理所在地的人民法院管辖。

（3）行政赔偿

行政赔偿是国家赔偿的一种形式，它是指国家机关和国家机关工作人员违法行使职权对公民、法人和其他组织的合法权益造成损害的，由法律规定的赔偿义务机关对受害人予以赔偿的法律制度。行政赔偿既可由当事人单独提出，又可由当事人在行政复议、行政诉讼中一并提出。

（4）行政处罚

适合物业管理招投标活动的行政处罚大致有以下种类：警告；罚款；没收违法所得，没收非法财物；责令停产停业；暂扣或者吊销许可证、执照；行政拘留；其他行政处罚，如通报批评等。

3. 刑事争议的解决方式

刑事争议通过诉讼方式解决。当事人向人民法院起诉，上诉、申诉，由人民法院按照法定程序处理案件，保护当事人的合法权益。

三、常见物业管理招投标争议案例

经过多年的发展，全国各地物业管理招投标制度法律法规不断健全与完善，物业管理招投标活动也在不断规范，但直至今日，招投标的公开、公平、公正及诚实信用的原则依然没有得到很好体现。下面介绍常见的物业管理招投标争议案例。

1. 物业管理招投标争议案例——合同争议

案例3—6

合同争议

××项目招投标合同争议案例

［案情摘要］

原告：B物业服务企业

被告：A房地产开发企业

2012年11月22日，A房地产开发企业就××住宅物业管理服务项目进行公开招标。B物业服务企业与其他三家物业服务企业共同参加了投标，结果B物业服务企业中标。2012年12月14日，A房地产开发企业就该住宅物业服务项目向B物业服务企业发出中标通知书，要求12月25日签订物业服务前期管理合同，12月28日正式开始管理。中标通知书发出后，在没有签订正式物业服务合同时，双方就因为对合同内容意见不一而发生了争议。A房地产开发企业要求B物业服务企业将物业管理服务中的一个专项管理项目（清洁管理）分包给自己信赖的C公司，而B物业服务企业以招标文件没有要求必须分包而拒绝。2013年3月1日，A房地产开发企业明确函告B物业服务企业“将另行落实物业服务企业”。

无可奈何的B物业服务企业只得诉至×省×市中级人民法院。在法庭上，B物业服务企业指出，A房地产开发企业既已发出中标通知书，就表明招标投标过程中的要约已经承诺，按招标文件和《前期物业管理合同示范文本》的有关规定，签订物业服务合同是A房地产开发企业的法定义务。因此，B物业服务企业要求A房地产开发企业继续履行合同，并赔偿损失560万元。A房地产开发企业辩称，虽然已发了中标通知书，但这个文件并无合同效力，且双方尚未签订正式合同，因此双方还不存在合同上的权利义务关系，A房地产开发企业有权另行确定合同相对人。

[案情思考] 谁应当对此承担法律责任？为什么？

[审裁结果] 一审法院依据认定了A房地产开发企业违约，并判决由A房地产开发企业赔偿B物业服务企业经济损失196万元。判决后，双方都没有上诉。

[案例分析]

(1) 法律责任归属分析

《招标投标法》第四十五条规定：中标通知书对招标人和中标人具有法律效力。中标通知书发出后，招标人改变中标结果的，或者中标人放弃中标项目的，应当依法承担法律责任。第四十六条规定：招标人和中标人应当自中标通知书发出之日起30日内，按照招标文件和中标人的投标文件订立书面合同。因此，如果双方最终没有签订合同，至少应当有一方对此承担法律责任。

在正常的情况下，合同的内容都应当在招标文件和投标文件中体现出来。但是，在这一过程中，招标人处于主动地位，投标人只是按照招标文件的要求编制投标文件。如果投标文件不符合招标文件的要求，则应当属废标。因此，一旦出现招标文件和投标文件都没有约定合同内容的情况，应当属于招标文件的缺陷。此时的处理可以适用《合同法》第六十一条和第六十二条规定的原则：第一，双方协议补充；第二，按照合同有关条款或者交易习惯确定。

就本案而言，承包人应当自己完成发包的全部工作内容，对承包的内容进行分包则为特殊情况；况且，我国立法并不鼓励发包人指定分包。因此，如果A房地产开发企业拒绝签订合同则应当承担法律责任。

(2) 招标、投标行为的责任性质

《合同法》第十三条规定，当事人订立合同，采取要约、承诺方式。

《合同法》第十五条对招标公告的性质做出了明确的规定，即一种要约邀请。我国法学界一般认为，投标是要约，中标通知书是承诺。在招投标过程中则表现为：

1) 招标是要约邀请。要约邀请是指行为人希望他人向自己发出要约的意思表示。招标人发布招标通告或投标邀请书的直接目的是希望投标人投标，投标人不响应招标文件的投标一般被视为无效。

2）投标是要约。要约是希望和他人订立合同的意思表示。投标人具有订立合同的意思，他们希望以所报的条件与招标人签订合同。投标书具备了合同成立的实质性内容，包括项目名称、质量、物业服务费用收取及计算、管理期限、违约责任和解决争议方式等，表明一经招标人承诺，投标人即受该意思表示的约束。

3）中标是承诺。在招投标过程中，招标人在对各投标人的投标文件进行严格评审并确定某一投标人为中标人之后，向其发出的中标通知书即为对投标人要约的承诺。因为中标通知书的发出意味着招标人接受了投标人的投标文件，而投标文件又意味着对招标文件的接受，两者的内容构成了明确具体的合同内容，即双方对合同的实质性内容达成了合意。

从以上论述可见，招投标过程就是要约和承诺的过程，也就是合同成立的方式。《招标投标法》第二十五条规定：承诺生效时合同成立。从这个意义上来说，中标通知书一旦到达投标人，合同即成立。也可以说，当事人依法进行的招投标活动，其本身就是缔约阶段的一种合同行为，中标后依据招标文件、投标文件和中标通知书签订的合同只是对物业服务合同的书面确认。

《合同法》第三十六条规定，法律、行政法规规定或者当事人约定采用书面形式订立合同，当事人未采用书面形式但一方已经履行主要义务且对方接受的，该合同成立。因此，即使法律规定应当采取书面形式的合同，在没有订立书面合同前，有其他证据证明合同已经成立的，合同也成立。

（3）发出中标通知书的责任性质

在中标通知书发出以后，根据《合同法》第二十五条规定，承诺生效时合同成立。在此之前，行为尚处于要约邀请阶段，不需承担法律责任；在此之后，合同已经成立，当事人行为性质变为违约行为，应当承担违约责任。如果招标人拒绝与中标人签订合同或者改变中标结果，除应承担违约责任，还应当赔偿中标人的所有损失，包括中标人可得利益的损失。

投标人对自己的投标行为应承担何种责任呢？投标人中标后不能放弃中标项目，不能拒绝与招标人订立合同，否则也应当承担法律责任。招标人有权没收其投标保证金，如果保证金不足以弥补招标人的损失，招标人有权继续要求赔偿损失。

[本案审理结果] 人民法院对A房地产开发企业认定为违约，判决由A房地产开发企业补偿B物业服务企业经济损失。但人民法院没有判决双方继续履行合同，主要考虑将来在合同履行中的合作困难，没有支持B物业服务企业继续履行合同的主张。

2. 物业管理招投标争议案例——招标方式与行政不作为争议

案例3—7

招标方式与行政不作为争议
某项目招标方式行政争议案例

[案情摘要]

原告：C物业管理有限公司

被告：D国际产业（集团）有限责任公司

2011年8月，D国际产业（集团）有限责任公司向某市的三家物业管理公司发出关于××世纪商城前期物业管理的招标邀请，三家公司向该公司递交了相应的投标文件。招标项目是位于某市交通路和中山路交会处附近的××世纪商城。至2012年5月，招标单位在没有举行任何涉及招标项目开标、评标的情况下，擅自与D物业管理有限公司签订了严重损害××世纪商城广大业主利益的前期物业服务合同。C物业管理有限公司认为该项目的招投标过程不符合公平公正公开的原则，存在开发商暗箱操作行为，严重损害参与投标人的合法权益。C物业管理有限公司先向房地产行政主管部门进行举报，要求认定该项目的投标结果无效。某市房地产行政主管部门接到举报后，并未对该案件进行处理，而是放任为之。C物业管理有限公司遂向人民法院提起诉讼，要求查清该项目的招投标是否合法，被告和D物业管理有限公司通过议标方式签订的关于××世纪商城前期物业管理服务合同违反了《中华人民共和国民法通则》第五十八条和《中华人民共和国合同法》第五十二条，以及《物业管理条例》第二十四条的规定，应属无效民事合同。

[案情思考] D国际产业（集团）有限责任公司的行为是否妥当？该合同是否有效？为什么？

[审裁结果] 一审法院依据认定D国际产业（集团）有限责任公司违约，并判决由D国际产业（集团）有限责任公司分别赔偿参与投标的另外两家物业服务企业相应的经济损失各10万元。与D物业管理有限公司签订的××世纪商城前期物业管理服务合同无效，该项目的物业管理招投标应按相关规范重新举行。判决后，双方都没有上诉。

[案例分析]

（1）目前我国物业管理市场普遍存在开发商开发项目后直接组建自己的物业管理公司，通过议标的方式直接签订开发项目的前期物业管理服务合同，而这种以议标的方式签订的前期物业服务合同具有法律效力须具备一定条件。法律明确规定，只有投标人少于3个、建筑面积在2万米^{2}以下的物业项目才能通过议标方式选择前期物业管理企业。

（2）物业管理职能部门——房地产行政主管部门对前期物业管理招标投标过程中的监督问题。按照《物业管理条例》的规定，房地产行政主管部门应当对物业项目的前期物业管理招标投标进行监管，并应当对具有招标条件而不以招标方式确定物业管理企业的行为实施相应的处罚。但就××世纪商城前期物业管理而言，该市国土资源和房屋管理局在这方面没有做出相应的行政行为，有关工作人员严重失职。

3. 物业管理招投标争议案例——不正当竞争

案例3—8

不正当竞争
××项目招投标不正当竞争案例

[案情摘要]

原告：C物业服务企业

被告：A招标代理公司

物业管理招标代理机构与投标人串通损害国家利益、社会公共利益或者他人合法权益，给他人造成损失的，依法承担赔偿责任。在被侵害的经营者的损失难以计算、侵权行为人没有获得利润或者利润无法查明时，侵权行为人的赔偿责任并不能免除。

2012年10月，A招标代理公司受H房地产开发企业的委托，就该企业兴建的××商业广场物业管理项目向国内公开招标，邀请C物业服务企业（以下称C公司）、D物业服务企业（以下称D公司）等七家单位在规定的期限内投标。2012年11月12日，由A招标代理公司主持开标、唱标，某省公证处对这一过程进行公证。此后由评标委员会进行了询标、评标。2012年12月2日，评标结果公示，D公司中标。本次招标标的是××商业广场的物业管理服务项目，包括房屋维修、设施设备的养护管理、清洁绿化管理、安全管理以及其他的有偿服务项目。招标工作完成后，C公司即认为A招标代理公司串通投标，实施不正当竞争行为损害自己的利益，在开标过程中私自串通D公司修改标书报价，未对D公司物业服务资格进行审查，D公司不符合一级物业服务企业资格要求。C公司遂向法院提起诉讼，请求法院判决D公司中标无效，并赔偿经营利润损失37.2万元。

[案情思考] D公司和A招标代理公司是否形成恶意串通？签订的物业服务合同是否无效？

[审裁结果] D公司与H房地产开发企业签订的《××商业广场物业服务合同》无效，D公司和A招标代理公司赔偿原告经营利润损失37.2万元。

［案例分析］

(1) D公司和A招标代理公司是否恶意串通

中标候选人公示后，C公司投诉。经法院调查，D公司并不具备项目招标文件所要求的物业服务企业一级资质，存在弄虚作假的行为。在开标过程中，A招标代理公司私底下与D公司串通，修改标书的报价，串通竞标，帮助D公司获得项目的管理权，因此，应当认定投标人D公司与A招标代理公司之间存在不正当竞争行为。本案所涉物业服务要求投标人具备一级物业服务企业资质，而D公司不具备该资质，A招标代理公司在C公司投诉后，为达到使D公司中标的目的，相互串通伪造D公司投标文件中的物业服务企业资质证书和企业法人营业执照。D公司与A招标代理公司串通伪造D公司投标文件、修改标书报价等行为损害了国家利益、社会公共利益，破坏了招标投标活动的公平性，损害了C公司的合法权益，违反了《中华人民共和国反不正当竞争法》第二条第一款“经营者在市场交易中，应当遵循自愿、平等、公平、诚实信用的原则，遵守公认的商业道德”的规定，构成不正当竞争。

《中华人民共和国反不正当竞争法》第二十条第一款规定：经营者违反本法规定，给被侵害的经营者造成损害的，应当承担损害赔偿责任，被侵害的经营者的损失难以计算的，赔偿额为侵权人在侵权期间因侵权所获得的利润；并应当承担被侵害的经营者因调查该经营者侵害其合法权益的不正当竞争行为所支付的合理费用。同时，《中华人民共和国招标投标法》第五十条第一款规定：招标代理机构……与投标人串通损害国家利益、社会公共利益或者他人合法权益的……给他人造成损失的，依法承担赔偿责任。在被侵害的经营者的损失难以计算、侵权行为人没有获得利润或者利润无法查明时，侵权行为人的赔偿责任并不能免除。人民法院可以根据权利人遭受侵害的实际情形公平酌定赔偿额。C公司主张赔偿其经营利润损失37.2万元的诉讼请求，证据不足，本院根据侵权行为的性质，酌情确定由D公司和A招标代理公司共同赔偿C公司15万元。

(2) D公司与H房地产开发企业签订的合同是否必然无效

A招标代理公司与D公司串通伪造D公司投标文件的行为，D公司与××招标公司存在串通行为并影响中标结果，且该串通行为系弄虚作假、骗取中标的行为，根据《中华人民共和国招标投标法》第五十条、第五十四条之规定，D公司中标无效，因中标所导致的D公司与××单位签订的物业服务合同当然无效。鉴于本案合同已经履行，合同无效将导致返还财产、折价补偿的法律后果，使国家财产蒙受巨大损失，为维护社会关系的稳定，应维持该合同履行的现状。

模拟实训

宜居公司与金悦世纪花园项目顺利签订了物业服务合同，正式开展物业服务工作，但是在参与金悦世纪花园项目招投标的过程中遇到了关于招投标的不少疑惑和争议，为此，需整理在招投标过程中存在的争议和解决的方法，以便在日后的物业管理招投标活动中能有所借鉴。

宜居公司组织对外拓展部的全体成员，包括招投标小组的人员，一起学习物业管理招投标案例，从中掌握常见的物业管理招投标争议以及争议的解决方式，进而提高企业员工的分析能力，使其在参与物业招投标活动中能更加熟练地应对各种问题。

案例 3—9

物业管理招投标争议

物业服务合同“签”与“不签”

2013 年 5 月，旭日房地产开发公司对其开发的仙境园小区进行了物业服务公开招标（当时离该小区竣工入住尚需半年左右）。旭日房地产开发公司对物业管理的服务内容和服务标准在招标文件中作了明确的要求，要求投标单位进行物业服务报价。5 家物业服务企业参加投标。开标后经过评比，旭日房地产开发公司认为弘泰公司 0.52 元/米^2 的报价合理，决定由弘泰公司中标，并发出了中标通知书。但是，到了签订合同时，双方对竣工入住后空置房的物业服务费用的负担有不同的理解（入住后相当长的一段时间会有一定比例的房屋尚未售出而形成空置房，并且在招标时无法对入住时的空置房数量和空置的时间进行准确估计）。招标文件对此没有做出明确的规定，投标文件对此也没有涉及。弘泰公司认为他们的投标是按照全部房屋物业管理所计算的价格，空置房的物业服务费用应当由开发商承担，并有该市房管局的规定为依据。旭日房地产开发公司则认为物业服务费应当由物业服务企业向住户（业主）直接收取，开发商不应当承担这一费用。双方的合同因此迟迟没有签订，由此形成争议。特别需要说明的是，如果最终没有签订合同，双方都会有一些损失，因此必须明确法律责任的承担问题。

第三章

一、案例提问

围绕以上的案例，对外拓展部经理李靖向参加培训的员工提出了以下 3 个问题：

1. 本物业管理招投标案例中，哪些地方存在争议？

2. 弘泰公司中标，但是旭日房地产开发公司迟迟不签订物业服务合同，造成的损失应该由谁来承担？谁应当对此承担法律责任？

3. 由于招标过程中存在争议，中标的弘泰公司能否主动退出招标，拒绝与旭日房地产开发公司签订物业服务合同？

二、案例分析

针对以上3个问题，对外拓展部的员工经过小组讨论、案情分析后，得出以下的结论：

1. 物业管理招标文件存在缺陷，在正常的情况下，合同的内容都应当在招标文件和投标文件中体现出来。但是，在这一过程中，招标人处于主动地位，投标人只是按照招标文件的要求编制投标文件。如果投标文件不符合招标文件的要求，则应当是废标。因此，一旦出现招标文件和投标文件都没有约定合同内容的情况，应当属于招标文件的缺陷。

2.《招标投标法》第四十五条规定：中标通知书对招标人和中标人具有法律效力。中标通知书发出后，招标人改变中标结果的，或者中标人放弃中标项目的，应当依法承担法律责任。第四十六条规定：招标人和中标人应当自中标通知书发出之日起30日内，按照招标文件和中标人的投标文件订立书面合同。因此，如果双方最终没有签订合同，则应当至少有一方对此承担法律责任。在本案中，弘泰公司中标后，已经为合同的履行进行了一定的准备工作，包括筹备管理班子、招募员工、进行设备材料采购等。合同不签订，旭日房地产开发公司需要重新进行物业管理招标，也有时间和资金的损失（在理论上，物业管理招标的费用中有一部分是需要由发包人承担的）。因此，必须明确这些损失的责任承担问题。

3. 关于投标人对自己的投标行为应承担的责任。在上述案例中，投标人中标后不能放弃中标项目，不能拒绝与招标人订立合同，否则也应当承担法律责任。要约生效以后，即对要约人产生约束，自开标之日起至确定中标人之前，投标人不得补充、修改或撤回投标文件，否则将会承担法律责任。

在招标投标过程中，投标即为要约，中标通知书即为承诺，而开标之后至确定中标人之前的期间即为要约生效后、合同成立之前的期间。所以，招标人与投标人对在此期间内因为故意或过失而导致对方当事人损失的行为，如假借订立合同恶意进行磋商，故意隐瞒与订立合同有关的重要事实或者提供虚假情况，投标人相互串通投标或与招标人串通投标，投标人弄虚作假骗取中标等，应该承担缔约过失责任。

总之，弘泰公司中标后，不能主动放弃这一项目，否则应当承担相应的法律责任，赔偿旭日房地产开发公司的损失。

三、结论

物业管理招标的中标通知书发出后，双方应当订立物业管理合同，即双方应当按照招标文件和中标人的投标文件订立书面合同。这就要求在招标文件中明确所有订立合同所需要的内容（包括要求投标文件确定的内容）。

当出现有缺陷的招标而发生争议时，首先考虑的应当是弥补缺陷，就本案而言，双方首先可以协议补偿，达成补充协议。如果无法达成补充协议，市房管局的规定可以视为交易习惯，空置房的物业管理费用应当按照市房管局的规定确定。如果旭日房地产开发公司拒绝签订合同，则应当承担法律责任。

思考与练习

1. 物业管理招投标民事争议包括哪些？
2. 物业管理招投标行政争议包括哪些？
3. 物业管理招投标民事争议和行政争议的解决方式有哪些？

附录1　物业管理招标文件样本

××住宅项目物业管理招标书

目　　录

致投标人

本招标文件是依据有关物业管理招标投标的法律、法规、规章和规范性文件的规定，根据本招标物业项目的特点和需要编制的。招标文件的编制遵循了公开、公平、公正和诚实信用的原则。招标文件所包含的内容已清楚地反映了招标物业项目的规模、性质以及商务和技术要求等。我们要求投标人必须完全响应本招标文件的实质性内容。

招标人：	
法定代表人：	
单位地址：	

邮政编码：		传真：	
联系人：		联系电话：	
E-mail：			

招标代理机构：			
法定代表人：			
单位地址：			
邮政编码：		传　　真：	
联系人：		联系电话：	
E-mail：			

日期：________

第一部分　招标公告（投标邀请书）

附录1

根据《前期物业管理招标投标管理暂行办法》和《××市物业管理办法》等有关规定，(招标人名称)就××住宅项目物业管理单位选聘进行公开（或者邀请）招标。欢迎（或者邀请）符合资格的投标人参加投标。

1. 招标编号：
2. 招标项目的简要说明：
3. 项目开工期：
4. 投标地点：
5. 投标截止时间：________年________月________日（北京时间），逾期收到的或不符合规定的投标文件不予接受。
6. 开标时间、地点：
7. 凡对本次招标提出询问，请在________年________月________日前与________联系（技术方面的询问请以信函或传真的形式）。

地址：

邮编：

电话：

传真：

联系人：（署名）

________年________月________日

第二部分　项目需求书

一、项目概况

1. 工程概况

××住宅项目系由(招标人名称) 投资建设的商品房住宅小区，相关情况见下表：

序号	内容	相关数据资料			
1	总占地面积	米^2			
2	总建筑面积	米^2			
3	计容积率总建筑面积	米^2			
4	竣工时间		交付时间		
5	各种类型物业建筑面积及相关情况	住宅	米^2	商业	米^2
		公厕	米^2	幼儿园	米^2
		社区文化中心	米^2	社区健康服务中心	米^2
		垃圾站	米^2	社区居委会	米^2
		物业服务办公用房	米^2	业主委员会活动用房	米^2
		物业管理员工宿舍	米^2	其他物业	米^2
		带电梯楼宇	栋	不带电梯楼宇	栋
6	停车位数量	室内停车位	个	室外（含露天）停车位	个
7	相关指标数据	建筑物栋数	栋	建筑容积率	%
		建筑覆盖率	%	绿化率	%

2. 户型情况

本项目共有×套住宅，有×种户型设计：其中×户型有×套，单套建筑面积为×米^2，×户型有×套，单套建筑面积为×米^2。

3. 物业专项维修资金账户余额情况（略）

二、物业服务范围

以下文本如涉及甲方及乙方，甲方指本项目物业服务公司的选聘单位，即(招标人名称)，乙方指向本项目提供物业服务的投标物业服务公司（以下物业服务范围为参考文本，招标人应根据物业项目具体情况明确物业服务范围）。

1. 房屋建筑本体共用部位及本体共用设施设备等的维修、养护和管理。

2. 本物业管理区域内除房屋建筑本体之外的共用设施设备（道路、室外上下水管道、化粪池等）的维修、养护和管理。

3. 公共环境的清洁卫生、绿化养护、垃圾的收集和清运等。

4. 配合和协助当地公安机关进行公共区域的安全防范和巡视工作。

5. 物业及物业管理档案、资料的管理。

6. 招标人在招标文件中要求或者法规和政策规定由物业服务公司提供的其他物业管理事项。

三、服务期限

本合同期限为×年，合同具体起止日期由甲、乙双方约定。

四、物业服务标准及要求（略）

五、订立合同方式

订立合同方式：（招标人名称）与中标物业服务公司依法定程序协商谈判一致后，参照本招标文件第四部分“合同一般条款”和原建设部《前期物业服务合同（示范文本）》（建住房［2004］155号）订立书面《××住宅项目物业服务合同》。

六、付款方式：按照合同相关约定执行

七、投标价格及物业服务支出（成本）（略）

第三部分 投标人须知

一、总则说明（略）

二、招标文件说明

1. 招标文件的构成

（1）招标文件用以阐明所需物业管理服务、招标投标程序和合同条款。

（2）招标文件以中文、英文两种文字编印，两种文字具有同等效力。中、英文本有差异时，以中文本为准。

（3）投标人被视为熟悉上述与履行合同有关的一切情况。

2. 招标文件的澄清

投标方对招标文件如有疑点，可要求澄清，应在投标截止时间前15天按投标邀请中载明的地址以书面形式（包括信函、电报或传真，下同）通知招标人。招标人将视情况确定采用适当方式予以澄清或以书面形式予以答复，并在其认为必要时，将不标明查询来源的书面答复发给已购买招标文件的每一投标方。

3. 招标文件的修改

（1）在投标截止日期________天前，招标方可主动或依据投标方要求澄清的问题修改招标文件，并以书面形式通知所有购买招标文件的每一投标方，对方在收到该通知后应立即以电报或传真的形式予以确认。

（2）为使投标方在准备投标文件时有合理的时间考虑招标文件的修改，招标方可酌情推迟投标截止时间和开标时间，并以书面形式通知已购买招标文件的每一投标方。

（3）招标文件的修改书将构成招标文件的一部分，对投标方有约束力。

三、投标文件的编写

1. 语言及计量单位（略）

2. 投标文件的组成

投标文件包括下列部分：投标书、授权书、开标一览表以及项目简要说明一览表；投标资格证明文件；投标符合招标文件规定的证明文件及投标方认为需说明的其他内容；投标保证金。投标方应将投标文件装订成册，并填写“投标文件资料清单”。

3. 投标文件格式

投标方应按招标文件提供的投标文件格式填写投标书、授权书、开标一览表及物业服务支出（成本）构成明细报价表。

4. 投标报价

（1）投标方应在招标文件所附的开标一览表及物业服务支出（成本）构成明细报价表上写明投标项目的单价和投标总价。如果单价与总价有出入，以单价为准。投标方对每种项目只允许有一个报价，招标方不接受有任何选择的报价。

（2）投标方按格式填写报价供招标方评标，但不限制××开发商以其他方式签订合同的权利。

5. 投标货币（略）

6. 投标人资格证明文件

投标方必须提交证明其有资格进行投标和有能力履行合同的文件，作为投标文件的一部分。

7. 投标有效期

（1）投标文件从开标之日起，投标有效期为90天，特殊招标项目在“技术规范及要求”部分另行规定。

（2）要求投标方同意延长有效期，要求与答复均应为书面形式。投标方可以拒绝上述要求而其投标保证金不被没收。对于同意该要求的投标方，既不要求也不允许其修改投标文件，但要求其相应延长投标保证金的有效期，有关退还和没收投标保证金的规定在投标有效期的延长期内继续有效。

8. 投标保证金（略）

9. 投标文件的份数和签署

（1）投标方应准备一份正本和四份副本，在每一份投标文件上要明确注明“正本”或“副本”字样，一旦正本和副本有差异，以正本为准。

（2）投标文件正本和副本须打印并由经正式授权的投标方代表签字。

（3）除投标方对错处作必要修改外，投标文件中不许有加行、涂抹或改写。若有修改须由签署投标文件的人签字。

（4）电报、电话、传真形式的投标概不接受。

四、投标文件的递交

1. 投标文件的密封和标记

（1）投标方应将投标文件正本和副本分别用信封密封，并标明招标编号、投标项目名称及“正本”“副本”字样。

（2）为方便开标唱标，投标方应将投标书正本、开标一览表和投标保证金保函单独密封，并在信封上标明“开标一览表”字样，然后再装入正本投标文件密封袋中。

（3）第一密封信封上注明“于________之前（指投标邀请中规定的开标日期及时间）不准启封”的字样。

（4）如投标文件由专人送交，投标方在将投标文件按规定进行密封和标记后，按投标邀请注明的地址送至招标方。

（5）如果投标文件通过邮寄递交，投标方应将投标文件用内、外两层信封密封。

（6）如果未按上述规定进行密封和标记，招标方对投标文件的误投或提前拆封不负责任。

2. 递交投标文件的截止时间

（1）所有投标文件不论派人送交还是通过邮局寄交，都必须按招标方在投标邀请中规定的投标截止时间之前送至招标方。

（2）出现因招标文件的修改推迟投标截止时间的，则按招标方修改通知规定的时间递交。

3. 迟交的投标文件

招标方将拒绝在投标截止时间后收到的投标文件。

4. 投标文件的修改和撤销

（1）投标方在提交投标文件后可对其投标文件进行修改或撤销，但招标方须在投标截止时间之前收到该修改或撤销的书面通知，该通知须有经正式授权的投标方代表签字。

（2）投标方对投标文件修改的书面材料或撤销的通知应按第16条和第17条规定进行编写、密封、标注和递交，并注明“修改投标文件”或“撤销投标”字样。

（3）投标截止时间届满后不得修改投标文件。

（4）投标方不得在开标时间起至投标文件有效期期满前撤销投标文件，否则招标方将按规定没收其投标保证金。

五、开标和评标

1. 开标

招标方在招标通告或投标邀请规定的时间和地点公开开标，投标方派代表参加。开标时，查验投标文件密封情况，确认无误后拆封唱标，唱正本开标一览表内容，以及招标方认为合适的其他内容并记录。

2. 评标委员会

招标方将根据物业管理的特点组建评标委员会，其成员由工程技术、市场、商贸、法律等方面的专家和招标机构、招标委托方的代表组成。评标期间，投标方可派代表参加询标。

3. 评标原则及方法

对所有投标方的投标评估，都采用相同的程序和标准。评标严格按照招标文件的要求和条件进行。在评标时按下列程序确定最低评标价标：

（1）开标后，对实质性响应的投标报价分别与标底价比较，并按其报价的合理程度打分，合理性越强则得分越高。

（2）在第一次打分的基础上，根据第二十五条考虑因素，对投标进行第二次打分，服务质量越高，管理方案越先进，则得分越高。

（3）将两次打分分别与商务评审权权数和技术评审权权数加权求出总得分，最高得分者即系最低评标价标。

六、授予合同

1. 定标准则

合同将授予投标符合招标文件要求，并能圆满地履行合同、对买方最为有利的最低评标价标的投标方。最低报价不是被授予合同的保证。

2. 中标通知

评标结束 15 日内，招标方将以书面形式发出中标通知书，但发出时间不超过投标有效期。中标通知书一经发出即发生法律效力。招标方在收到中标方提交的履约保证金后，将向未中标的投标方发出未中标通知书，并退还其投标保证金。中标通知书将作为签订合同协议书的依据。

3. 合同协议书的签署

中标方按中标通知书指定的时间、地点与开发商或业主委员会按指定的协议书格式签订合同协议书。招标文件、中标方的投标文件及其澄清文件，均为签订合同协议书的依据。

第四部分 合同条款（略）

第五部分 附件（略）

附录2 物业管理投标书样本

某物业服务企业“××高档住宅项目”物业管理投标书

目 录

三、物业管理开支明细

附件　各类证明文件

前言

首先，十分荣幸能参与“××高档住宅项目”物业管理服务投标工作。我公司将依托自身的专业管理实力，结合“××高档住宅项目”的现状，对“××高档住宅项目”的物业管理模式、组织机构、财务收支计划、服务配套等做出统筹策划。

我们将以 H 物业崭新的物业管理服务理念，在结合国家政策法规和贵方的实际需要的前提下，凭借××物业在长期物业管理服务过程中积累的丰富经验以及充足的人才，为尊贵业主创造一个和谐而优美的居住生活环境，提升本高档住宅项目物业的价值，并使本高档住宅项目成为×市乃至×省一个知名的高档综合物业管理品牌。

本投标书是根据贵方提供的“××高档住宅项目”物业管理服务招标文件要求，结合我公司的企业服务理念及标准，经我公司考察研究后编制的前期物业管理服务投标书。

我方同意一旦中标，投标书中的所有承诺，招标方有权要求写入物业管理委托合同，否则，招标方可以在中标候选单位中重新确定中标单位。

再次感谢××房地产公司给予我们这次合作的机会。

公司名称：H 物业管理有限公司

注册（通信）地址：

联系电话：

传真电话：

邮政编码：

第一章　投标人资格证明文件

一、投标承诺书

致：××高档住宅项目招标小组

1. 本公司已了解招标人有关《××高档住宅项目物业管理招标文件》内容、细则、要求、办法及条款，并同意响应招标文件内容及要求，以《投标企业概况及投标报价表》和《××高档住宅项目物业管理投标书》投标××高档住宅项目物业管理服务。

2. 本公司知悉本项目的住宅物业管理公共服务费投标报价不得高于《××市普通住宅物业服务等级和收费标准》四级及三类组合价格的最高标准，业主专用停车服务费收费标准报价不得高于××市价格行政主管部门规定标准，否则，评标委员会或招标人可将本公司投标作废标处理而无须对本公司做出任何解释和补偿。

3. 本投标书物业管理公共服务费投标报价（包干制）包含了本公司承诺的物业管理公共服务内容、质量标准所包含的本公司公共管理服务开支及其他所有费用，并同意将此价格约定于合同期内保持不变。

4. 本公司同意于中标并签署《物业服务合同》后，在约定的时间内提供投标书所述之物业管理服务；本公司知晓合同期内，若本公司未能实施投标书所述承诺内容，或未能实现投标书物业管理服务承诺目标，招标人有权随时终止合同，并无须对本公司做出任何补偿。

5. 本公司知晓本项目物业管理方式确定为全方位服务型管理，若中标公司在《物业服务合同》期内将物业管理及其服务整体外包即属违约，应依法承担违约责任。

6. 除非《物业服务合同》内容违反中华人民共和国法律，否则合同双方必须遵守《物业服务合同》及附件条款所有一切条文及细则。

7. 本公司知晓招标人选定中标人，无须向本公司公开中标人的资料或做出招投标的其他任何解释，一切有关选聘中标人的活动以本项目评标规则为依据。

投标人（盖章）：________

法定代表人或其授权代理人（签字或盖章）________

地址：____市____区____号____邮编：________

电话：____________传真：____________

日期：________年________月________日

二、法定代表人授权委托书

________（姓名）系H物业管理有限公司（公司名称）的法定代表人，现委托×××（授权代表姓名）参加贵方组织的××高档住宅项目物业服务招投标活动，全权代表我单位处理投标的有关事宜。

代理人无转委托权，特此委托。

本授权书有效期：××××年××月××日至××××年××月××日

附授权代表情况：

姓名	李××	职务	××××	
性别	××	年龄	××岁	
身份证号码	350××××××××××××××××			
电话	136××××××××	传真	010－××××××××	
通信地址	××市××区××街道		邮编	××××××

投标人：××（公章）

法定代表人：×××（签字/盖章）

三、投标人资格证明文件（略）

第二章 企业基本情况

一、企业理念

H物业管理有限公司成立于1997年5月，注册资本500万元，具一级物业管理资质。

公司现有员工350余人，中层以上管理人员均具备大专以上学历，所有人员都已取得了建设部门颁发的员工、经理上岗证书。公司内部建立起专业的员工岗位培训系统，培养出一支高素质的管理队伍，建立了一套完整科学的管理运作模式和质量管理体系，所管物业多次荣获省、市、区荣誉称号。

目前，H物业管理有限公司所托管服务的物业类型包括写字楼、住宅、别墅、商铺等。公司多个项目获得省、市、区优秀物业管理项目。公司坚持“服务第一、业主至上”的原则。以服务为基础，以业主需求为导向，本着“为客户创造价值”理念，以服务促管理、以管理促效益，努力为广大业主创造安全、舒适的居住生活环境。

二、机构设置（略）

三、管理优势及规模

我公司长期致力于服务质量长效控制机制的建立，并建立了一整套服务质量长效控制制度，以国家颁布的物业管理等级规定为质量标准，切实落实物业服务规范化要求。

我公司建立了完善的投诉及回访制度，管理服务理念一直领先于××市物业同行。同时，创建了一套具有自我特色的现代化综合物业管理体系。在质量管理体系中，设立了质量检查部门，其工作直接向总经理负责，质量检查部门针对公司各部门及各管理项目工作，保证服务与管理质量。为了保证服务质量满足业主的多元化需求，公司建立了长效的业主沟通机制，通过多种渠道与业主进行沟通。公司关注每一位业主对小区物管的意见与需求，以此作为企业改革与发展的方向，全心全意为业主提供更加完善的服务。

第三章　项目管理的整体设想及策划

一、总体管理服务目标

一年内将项目内的物业服务提升到全市物业服务优秀项目的水准，使业主对物业服务的综合满意率达到95%以上。物业区域实行酒店式“客服中心”物业服务。管理范围内不发生重大安全管理责任事故。为广大业主和住户提供一个安全、清洁、优美、舒适的现代家居生活环境。

二、管理服务理念

为使项目内的物业服务工作跃上新的台阶，全面改善现有的物业服务状况，我们将结合本项目现有的基本条件及特点，实现最优化服务。通过提供个性化服务旨在满足业主的生活需求，为项目内住户提供便利的服务，逐步提高业主的生活品位和品质。重视业主的各项合理化建议，并坚决予以执行。坚持每月做业主调查，接收业主的意见反馈，不断改进服务项目、提升质量，树立“业主至上”的服务理念。

运用平台系统提供个性化家居服务，将常规物业服务和各项特色服务通过网络科技的手段融合在一起，使业主足不出户就可以享受到集订购、配送、服务于一体的一站式服务。创建酒店式“客服中心”，实现“服务无所不在，生活多姿多彩”的服务境界。

配置智能化装备系统，采用智能化服务，提升服务层次。专业的楼宇智能化系统是实现现代化服务和人员最优化的基础，可精减人员岗位设置，实现隐性服务，营造温馨安全的生活空间，体现人防与技防相结合的安防理念。

三、项目的工作计划和物资装备情况（略）

四、项目的组织机构及人员的配备、培训、管理

1. 本项目组织架构图（略）

2. 本项目人员配备情况

序号	岗位	学历	年龄	专业要求
1				
2				
3				
4				
5				
6				
7				
8				

3. 各岗位工作职责及作业标准（略）

4. 员工培训计划

（1）新员工培训计划

类别	科目序号	培训科目	课时	授课内容
物业管理法规	1	物业管理法律法规	6	物业管理现行法律、法规知识；治安管理法律知识；物业管理纠纷处理理论；物业管理经典案例分析
物业管理基础知识	2	物业管理常识	8.5	物业管理概论；机构设置、人员配备、管理方案的制订；物业管理运作相关知识
	3	质量管理	2.5	ISO9001知识；以其为参照标准，与项目现有条件相结合，实现基本服务项目服务流程化、质量标准化
	4	企业品牌建设	7.5	企业发展规划；物业管理与服务理论
物业管理运作实务	5	各类专业管理	18	设备工程管理；房屋（建筑物）知识；机电设备、空调、管道、给排水系统保养；消防管理；保洁的基础管理；绿化与环保管理；客户服务礼仪；特约性服务与经营性服务；处理物业使用人投诉；物业使用人沟通技巧
	6	内部管理	8.5	行政人事管理；档案管理

（2）日常培训

除新员工入职培训外，物业服务全体一线员工每周抽取一个下午的时间进行部门培训，其内容为部门劳动技能及服务意识、团队意识、规章制度等。培训为每月一主题，如一月培训主题为如何加强员工管理，二月培训主题为如何做好与物业使用人的沟通。每月对一个培训课题进行多角度立体化分析讲解，使受训人对每个培训课题有较为深刻的理解认识，达到理想的培训效果。

（3）岗位专门培训（略）

（4）培训管理规定（略）

五、管理规章制度及管理档案的建立情况

1. 物业管理各项制度

（1）业主公约（略）

（2）业主接待投诉管理制度（略）

（3）住宅装饰装修管理制度（略）

（4）物业服务费收支公开管理制度（略）

（5）小区消防安全宣传和防范制度（略）

2. 物业档案管理制度

（1）物业档案建立的内容（略）

（2）物业档案管理的具体措施（略）

第四章　管理服务分项标准及服务承诺

一、综合管理服务范围及服务标准

1. 服务范围

小区规划红线范围内，涉及共有财产和公共事务的管理。

2. 服务标准

（1）建立完善的物业管理制度和服务质量管理体系。

（2）履行物业管理服务合同，并按规定公布物业管理服务项目内容及物业管理服务费标准。

（3）每年对房屋及设施设备进行一次安全普查，根据普查结果制订维修计划并组织实施。

（4）管理人员 80％以上持有物业管理上岗证书，特种作业员工 100％持有专业部门颁发的有效证书上岗，全体工作人员统一着装、挂牌服务。

（5）运用计算机对业主资料、房屋档案、设备档案、收费记录、日常办公等进行管理，建立完善的档案管理制度。

(6) 设置客户服务中心和服务热线，有效投诉处理率100%。

(7) 夜间有专人值守，处理水、电等紧急报修半小时内到现场。

(8) 每年进行一次服务满意率调查，征求用户意见不低于入住总户数的80%，促进管理服务工作的改进和提高。

二、物业共用部位、共用设施设备服务范围及服务标准

1. 服务范围

物业共用部位、共用设施设备。

2. 服务标准

(1) 维修养护制度健全并在工作场所明示，工作标准及岗位责任制明确、执行良好。

(2) 共用设施设备按照项目配套建设管理，责任分工明确、运转正常、维护良好，有设备台账、运行记录、检查记录、维修记录、保养记录，对设备故障及重大或突发性事件有应急方案和现场处理记录。

(3) 实行24小时值守服务。

(4) 水、电、电梯、监控等设备运行人员技能熟练，严格执行操作规程及保养规范。

(5) 道路、停车场平整通畅，交通标志齐全规范。

(6) 公共照明设备完好率90%以上。

(7) 设备用房整洁，主要设施设备标识清楚齐全。

三、绿化养护服务范围及服务标准（略）

四、清洁卫生服务范围及服务标准（略）

五、秩序维护服务范围及服务标准（略）

六、智能化系统运行维护服务范围及服务标准（略）

七、电梯运行维护服务范围及服务标准（略）

八、水泵运行维护服务范围及服务标准（略）

第五章　物业服务报价及开支说明

一、物业收费报价说明

1. 报价依据

由贵公司提供的招标文件，我公司专业人员自行踏勘本项目物业现场所测算的物业基本情况，《××市高层住宅小区物业管理公共服务等级标准》相关规定，以及我公司编制的物业管理方案。

2. 编制依据（略）

二、物业收费报价

根据具体管理经营情况，兼顾开发商销售支持，我公司可配合销售宣传，在销售期间

适当浮动（优惠）收费标准，以答谢开发商和业主的大力支持；按照《××市物业收费管理办法》，对高层建筑的一、二、三层物业收费予以相应减少。

经过周密测算，我公司对"××高档住宅项目"的物业收费报价如下：

米^2/月：××元（本报价不包含电梯使用维护、二次供水设备运行维护、公共照明等各项物业相关费用）。

三、物业管理开支明细

1．人员工资福利费

序号	岗位	人数	工资标准	工资额	社保金	服装	劳保	月合计
1								
2								
3								
4								
5								
6								
7								

注：社保金按××市最低标准每人××元；服装费按每人每年××元分摊至每月；劳保按每人每月××元计算。

2．办公费

费用项目	预算依据	月费用
合计		

3．保洁费（略）

4．公共设施运行维护费（略）

5．电梯运行费（略）

6．二次供水设备运行维护费（略）

7．绿化费（略）

8．支出费用汇总

序号	费用项目	月支出	价格（元/米²）	测算依据
1	人工费用			
2	办公费用			
3	低值易耗品摊销			
4	工具耗材摊销			
5	消防费用摊销			
6	固定资产折旧			按5年90%摊销
7	保洁费			
8	公共设施运行维护费			
9	二次供水			
10	电梯			
11	绿化费用			
12	第三者意外及财产险			
13	社区文化费			
14	不可预见费			按以上费用2%提取
15	利润			按以上费用的5%计算
16	法定税金			按收入的5.55%计算
合计				

附件　各类证明文件（略）

附录3　部分地区物业管理招投标评分标准参考

案例1　某市前期物业管理招标评分细则

一、资信部分（20分）

1. 资质等级（3分）

企业取得一级物业管理资质得3分，取得二级资质得2分，三级资质得1分。

2. 管理业绩（6分）

（1）管理规模

管理建筑面积50万米^{2}以上得3分，50万米^{2}以下20万米^{2}以上得2分，20万米^{2}以下得1分。

（2）管理类型

管理的物业3种以上类型得3分，2种得2分，1种和无管理类型得1分。

加分因素：所管理的物业获市优加1分，获省优加2分，获评国家示范小区加3分，最高加分为3分。

说明：获奖证书和有关证件经核实相符方可加分，否则不得加分。

3. 项目管理人员业绩（5分）

（1）主管人员岗位证书

有物业经理资格证得0.5分，有物业管理小区主管任职资历得0.5分。

（2）项目主管人员信用

追溯3年计，所管理小区评为市优得0.5分，追溯2年所管小区评为省优得0.5分。

（3）项目主管高层管理经验

有2种以上类型物业管理经验得3分，有1种物业管理经验得2分，无管理经验得1分。

4. 信用情况（6分）

（1）公司取得质量认证资格得2分。

（2）公司在2年内取得市优或以上的优秀企业称号得1分。

（3）根据所取得的其他优秀成绩加分，满分3分。

二、技术部分（30分）

1. 物业服务内容和标准（6分）

（1）有建设期介入方案得1分。

（2）物业管理服务标准及方案，按招标要求每个方案0.5分，总计3.5分，有新增内容加 0.5 分，满分 4 分。

(3) 物业维修应急措施方案齐全得 1 分。

2. 人员配备（8 分）

(1) 结构合理、机构精简得 2 分，机构人员配备不合理得 1 分。

(2) 有各方面的人才满足小区各种服务的需要得 2 分，配备不足得 1 分。

(3) 有行之有效的人员招聘方案得 2 分，方案有欠缺得 1 分。

(4) 有行之有效的人员培训计划得 2 分，培训方案欠缺得 1 分。

3. 物业管理机构运作方法及管理制度（8 分）

(1) 有结合本项目的规划布局、建筑风格、硬件配置，提出物业管理服务目标得 1 分，阐述不明不得分。

(2) 根据物业管理职能制定合理的规章制度得 1 分，制度不齐全不得分。

(3) 有切实可行的督导检查及奖罚措施得 1 分，无督导制度不得分。

(4) 有节日文化活动计划并切实可行得 1 分。

(5) 有日常人性化管理措施和方案得 1 分。

(6) 有建立小区文化品牌的独到方案得 1 分。

(7) 服务承诺内容齐全得 1 分。

(8) 服务标准合格率要求：低于 90%不得分，高于等于 90%得 1 分。

4. 项目收支预算（8 分）

(1) 应有两年的项目收支预算方案，第一年为非正常收支，第二年为正常收支，核算资料齐全得 2 分，缺一年扣 1 分。

(2) 按物业正常收支概算项目齐全得 2 分，缺项时每项扣 1 分。

(3) 概算依据充分得 2 分，刻意抬高或压低费用，每项扣 1 分。

(4) 经济分析中肯合理得 2 分，分析欠缺得 1 分。

三、商务部分（30 分）

1. 物业服务费报价（20 分）

计分按以下计算方法执行：

商务标＝［1－（平均价－报价）/平均价］×20

2. 物业收费标准执行一费制得 2 分。

3. 物业收费标准测算项目齐全得 2 分。

4. 收费标准测算项目中各项目的测算依据正确、估算合理，无刻意压低或抬高的现象得 2 分，有估算不合理的按项目每项扣 1 分。

5. 有偿或无偿的服务项目，有方案得 1 分，收费标准合理得 1 分。

6. 有行之有效的创收方案及措施得 2 分，方案较差得 1 分。

四、现场答辩部分（20 分）

1. 对专家提出问题回答的准确性（10 分）。

2. 对项目的理解以及语言流畅性（10 分）。

案例 2 某市物业服务招投标评分细则（修订）

序号	评审内容		评分标准	分值
1	对招标文件的响应程度（10 分）	投标范围	符合招标文件的规定	2
		服务承诺	符合招标文件的要求	2
		投标文件组成	符合招标文件的要求	2
		投标文件格式	符合招标文件的要求	2
		资格证明文件	符合招标文件的要求	2
		存在细微偏差，已改正的，每发现一处减 1 分，扣完为止		
2	管理方案（50 分）	管理服务理念和目标		5
		项目管理机构运作方法及管理制度		5
		管理服务人员配置和培训计划		5
		物业服务工作配备的设备和工具		5
		根据物业管理服务的内容、标准制定的物业管理服务方案		5
		物业维修和管理的应急措施		5
		丰富社区文化、加强业主相互沟通的具体措施		5
		智能化设施的管理与维修方案		5
		施工噪声控制等与业主生活密切相关事项的应对预案		5
		合理化建议		5
3	经营状况（10 分）	经营经验	近三年来同类项目，住宅 2 万米^{2}及以上，非住宅 5 000 米^{2}及以上，综合楼 8 000 米^{2}及以上，每个加 1 分，最多加 5 分	
		获奖情况	近三年来获评国家优秀企业、优秀项目每个加 3 分，省优每个加 2 分，市优每个加 1 分，最多加 4 分	
		经营行为	一般不良行为记录每项扣 3 分，严重不良行为记录每项扣 5 分，扣完为止	
		财务状况	财务状况良好，净利润＞0 加 1 分，资产负债率＜70％加 1 分	
4	询标情况（10 分）	仪容仪表		1
		业务知识丰富		2
		语言简洁、思路清晰		2
		项目情况熟悉		1
		回答问题准确		2
		综合印象		2

续表

序号	评审内容		评分标准	分值
5	投标报价（20分）	从零开始每升降1%减2分，即20－2X	1. 投标报价得分最低分为0分 2. X为投标报价升降率百分数的绝对值，即 $X=\left\|\frac{投标报价-基准价}{基准价}\right\|\times 100$	
总分100分				

说明：

1. 本办法所规定的类似项目，按住宅（2万米^{2}以上）、非住宅（5 000米^{2}以上）、综合楼（8 000米^{2}以上）分别提供，须经房地产行政主管部门确认。

2. 物业服务企业经营行为、获奖情况、财务状况以房地产行政主管部门统计为准。企业获奖情况以开标之日起计算。

案例3　某市物业管理招投标评分细则（暂行）

评分项目	评分标准与方法	分值	考评分
企业资质（4分）（外地企业需在本地备案）	一级4分；二级3分；三级2分；暂定三级1分	4	
管理规模（7分）（接管时间：以交付使用期为准，不到一年的不计分）	100万米^{2}以上，7分	7	
	50万～100万米^2，6分		
	20万～50万米^2，5分		
	5万～20万米^2，4分		
	2万～5万米^2，2分		
业绩、荣誉（5分）（累计得分不能超过5分）	获得国优5分	5	
	获得省优3分（每增加一个省优加1分）		
	获得市优2分（每增加一个市优加0.5分）		
	获得市文明小区称号0.5分		
	获得市园林式小区称号0.5分		
在管理的物业环境、保洁（7分）	小区保洁良好，环卫设施齐全，外观整洁，完好率达90%以上，1分；不清洁或不达标，0分	1	
	无裸露垃圾堆放，2分；发现一处，1分；两处以上，0分	2	

附录3

续表

评分项目	评分标准与方法	分值	考评分
在管理的物业环境、保洁（7分）	物业区无“牛皮癣”，1分；发现一处，0.5分；两处以上，0分	1	
	绿化带内无明显杂草及杂物，2分；有明显杂草或脏乱，0分	2	
	树木花草修剪及时、养护良好，1分；修剪不及时或有枯死树木，0分	1	
在管理的物业日常管理资料齐全，记录规范（5分）	报修、投诉有记录并及时处理，1分	1	
	有回访记录且回访率达60%以上，1分；无回访记录或回访率不达标，0分	1	
	每年至少发放一期意见征询单，每期小区内60%以上业主反馈满意率达80%以上，1分，无征询意见或业主反馈不足60%或满意率不足80%，0分	1	
	公共设施设备维修保养记录规范，1分；不规范，0分（抽查一项设施设备保养记录）	1	
	每年组织1次以上员工培训，参训人员达70%，培训记录完整并达标，1分；不达标，0分	1	
在管理的物业现场秩序（8分）	车辆按规定停放有序，2分；乱停放，0分	2	
	幢号、警示等标识牌齐全、清晰，1分；标识牌不齐或破损，0分	1	
	有24小时值班、定时巡逻制度并有记录，2分；有一项无制度或有一项无记录，0分	2	
	建筑物外观基本统一有序，1分；杂乱无章，0分	1	
	宣传栏无破损且内容定期更换，2分；破损、内容陈旧，0分	2	
前期介入方案（3分）	前期介入方案优3分，良2分，一般1分，劣0分	3	
项目调研清晰，服务定位准确（1分）	熟悉项目情况，0.5分；不了解，0分	0.5	
	服务费报价与服务等级相适应，0.5分；不相适应，0分	0.5	
有先进的服务理念及特色服务响应措施（3分）	服务理念先进，1分；一般，0分	1	
	特色服务措施优2分，一般1分，无措施0分	2	
项目组织机构设置合理，管理制度健全（3分）	合理、健全，3分；基本合理、健全，1分；不合理、不健全，0分	3	
人员配备合理，培训计划周密（4分）	人员配备合理，2分；基本合理，1分；不合理，0分	2	
	有培训计划并实施，2分；有计划没实施，1分；没计划没实施，0分	2	

续表

评分项目	评分标准与方法	分值	考评分
公共设施设备维修保养计划完善（2分）	有完整的公共设施设备维修保养计划，2分；公共设施设备维修保养计划缺项，1分；没有计划，0分	2	
应急预案齐全（2分）	有火灾、雪灾、水浸、台风、盗窃、停电、电梯故障等突发事件应急预案，每缺一项减0.5分，直至0分	2	
物业承接验收方案完整（3分）	物业承接验收方案完整，3分；有方案但不完整，1分；无方案，0分	3	
装饰、装修管理制度完善合理（2分）	装饰、装修管理制度完善合理，1分；不完善或不合理，0分	1	
	装饰、装修协议内容完整，1分；不完整，0分	1	
社区文化建设有计划并实施（1分）	社区文化建设有计划，0.5分	0.5	
	社区文化建设有计划并实施，0.5分；没实施，0分	0.5	
前期物业管理费测算方案合理（5分）	合理5分，较合理3分，一般1分，不合理0分	5	
物业管理费报价（35分）（前期物业管理招标选第1项，后期物业管理招标选第2项）	前期介入费报价35分（按公式计算）	35	
	依据年物业管理公共服务费总报价35分（按公式计算）	35	
说明：			

附录3

案例4　××住宅项目物业管理两阶段评标案例

××住宅项目物业管理采用公开招标方式，有A、B、C、D、E、F 6家投标单位参加投标，经资格预审，该6家投标单位均满足业主要求。该项目采用两阶段评标法评标，评标委员会由7名委员组成，评标的具体办法如下：

1. 第一阶段评技术标

技术标共计70分，其中投标标书占45分，企业信誉占15分，现场答辩占10分。技术标各项内容的得分为各评委评分去除一个最高分和最低分后的算术平均数。技术标合计得分不满55分者，不再评其商务标。

表 1 为各评委对 6 家投标单位标书评分的汇总。

表 1 标书评分汇总表

投标单位 \ 评委	一	二	三	四	五	六	七	平均得分
A	40.0	38.5	39.0	38.0	38.0	39.5	39.5	38.9
B	41.5	40.5	41.5	40.0	40.5	41.5	41.5	41.1
C	39.0	37.0	38.5	38.0	37.5	38.5	38.5	38.2
D	41.0	40.5	40.5	40.0	40.5	41.0	41.5	40.7
E	39.5	38.5	39.0	38.0	38.5	39.5	39.5	39.0
F	37.5	37.5	37.5	37.0	36.5	38.0	37.5	37.4

表 2 为各评委对 6 家投标单位标书、企业信誉、现场答辩评分汇总的技术得分。

表 2 各投标单位技术得分汇总表

投标单位	投标标书	企业信誉	现场答辩	合计
A	38.9	12.0	7.5	58.4
B	41.1	13.5	8.5	63.1
C	38.2	11.5	7.0	56.7
D	40.7	12.5	8.0	61.2
E	39.0	11.0	8.5	58.5
F	37.4	9.5	6.0	52.9

由于投标单位 F 的技术标得分为 52.9 分，小于 55 分的最低限，按规定不再评其商务标。

2. 第二阶段评商务标

商务标共计 30 分。招标文件中规定以标底的 50%与投标单位有效报价算术平均数的 50%之和为标底合成价，以标底合成价为满分（30 分）。报价比标底合成价每降价 1%，扣 1 分，最多扣 10 分；报价比标底合成价每增加 1%，扣 2 分，扣分不保底。投标单位报价和标底汇总见表 3。

表 3 投标单位报价和标底汇总表

投标单位	A	B	C	D	E	F	标底
公共服务费报价（元/米^2·月）	0.50	0.60	0.60	0.55	0.65	0.40	0.60

由于 F 已作为废标处理，故其不属于有效标价，在计算标底合成价时不再考虑其报价。

附录 3

标底合成价＝0.6×50%＋［（0.50＋0.60＋0.60＋0.55＋0.65）/5］×50%＝0.59

各投标单位的商务标得分见表4。

表4 各投标单位商务标得分汇总表

投标单位	报价（元/米²·月）	报价与标底合成价的比例	扣分	得分
A	0.50	（0.50/0.59）×100＝84.7	（100－84.7）×1＝15.3 最多扣10分	20
B	0.60	（0.60/0.59）×100＝101.7	（101.7－100）×2＝3.4	26.6
C	0.60	（0.60/0.59）×100＝101.7	（101.7－100）×2＝3.4	26.6
D	0.55	（0.55/0.59）×100＝93.2	（100－93.2）×1＝6.8	23.2
E	0.65	（0.65/0.59）×100＝110.2	（110.2－100）×2＝20.4	9.6

最后，计算各投标单位的综合得分，见表5。

表5 各投标单位综合得分汇总表

投标单位	技术标得分	商务标得分	综合得分
A	58.4	20	78.4
B	63.1	26.6	89.7
C	56.7	26.6	83.3
D	61.2	23.2	84.4
E	58.5	9.6	68.1

因此，评标委员会确定的前3名中标候选人的排序为：B、D、C。